本书获国家发展和改革委员会委托课题"习近平经济思想学理化研究"和国家自然科学基金委员会青年基金项目"股价同步性与市场配置效率：微观公司特性和宏观市场环境因素的视角"资助（71403010）

# China's Financial Modernization
Micro-level Studies based on China's Financial Market Innovations

# 中国式金融现代化
基于中国金融市场创新的微观研究

陈 佳 ◎著

北京大学出版社
PEKING UNIVERSITY PRESS

### 图书在版编目(CIP)数据

中国式金融现代化：基于中国金融市场创新的微观研究 / 陈佳著. -- 北京：北京大学出版社，2024.10.
ISBN 978-7-301-35633-3

Ⅰ. F832.5

中国国家版本馆 CIP 数据核字第 2024EH4243 号

| | |
|---|---|
| 书　　　名 | 中国式金融现代化——基于中国金融市场创新的微观研究<br>ZHONGGUOSHI JINRONG XIANDAIHUA——JIYU ZHONGGUO JINRONG SHICHANG CHUANGXIN DE WEIGUAN YANJIU |
| 著作责任者 | 陈　佳　著 |
| 责 任 编 辑 | 杨丽明 |
| 标 准 书 号 | ISBN 978-7-301-35633-3 |
| 出 版 发 行 | 北京大学出版社 |
| 地　　　址 | 北京市海淀区成府路 205 号　100871 |
| 网　　　址 | http://www.pup.cn　新浪微博：@北京大学出版社 |
| 电 子 邮 箱 | zpup@pup.cn |
| 电　　　话 | 邮购部 010-62752015　发行部 010-62750672　编辑部 021-62071998 |
| 印 刷 者 | 北京溢漾印刷有限公司 |
| 经 销 者 | 新华书店 |
| | 730 毫米×1020 毫米　16 开本　12.25 印张　213 千字<br>2024 年 10 月第 1 版　2024 年 10 月第 1 次印刷 |
| 定　　　价 | 68.00 元 |

未经许可，不得以任何方式复制或抄袭本书之部分或全部内容。
**版权所有，侵权必究**
举报电话：010-62752024　电子邮箱：fd@pup.cn
图书如有印装质量问题，请与出版部联系，电话：010-62756370

# 前　言

党的二十大报告指出：中国共产党的中心任务就是团结带领全国各族人民全面建成社会主义现代化强国、实现第二个百年奋斗目标，以中国式现代化全面推进中华民族伟大复兴。

中国式金融现代化是中国式现代化的重要内容。党的十八大以来，金融市场创新在理论上和实践中都有突破，成功推进和拓展了中国式金融现代化。本书通过微观研究描绘中国金融市场创新的过程，阐释中国式金融现代化的机制，助力完善中国金融市场，为全面建成社会主义现代化强国贡献研究证据。

本书的内容分为三部分：第一部分研究金融市场人才创新。这部分包括三章，分别从公司捐赠、公司税务管理和公司与投资者关系的角度研究中国金融市场中创新型人才的作用。

第一章"换位、制度行动者与外围影响悖论——基于海归董事与公司捐赠的视角"从组织研究的角度回答了经典、前沿问题：是那些具有清晰的身份认知、聚焦的专业知识和对组织绝对忠诚的人对组织更有用，还是背景更复杂的人对组织更有用？笔者结合管理理论将转移（即将一个情境中的观点带到其他情境中）作为创新变革的一种机制，并研究在何种条件下行动者能够成功开展创新变革。笔者提出，既能接触到其他环境，同时又能充分嵌入所关注领域的行动者，可以更有效地创新。这样的行动者既能看到潜在的新观点，也能成功引领其实施。本章利用2000—2012年中国上市公司数据，发现公司董事会中存在有相关海外经历的海归董事，能够显著促进公司通过企业捐赠这一具体形式参与企业社会责任活动，支持了以上理论观点。本章的研究对管理理论做出了创新性贡献，也为中国深化人才发展体制机制改革、加快建设世界重要人才中心和创新高提供了有益的思路。

第二章是"海归董事与公司税务管理"。本章研究流动的个人，如海归董事能否以及如何影响公司的避税行为。研究结果显示，当避税水平过低时，海归董事可以引导企业增加避税，而当避税水平过高时，他们可以引导企业减少避税。进一步分析表明，这一关系在国有企业中强于非国有企业，获得MBA学位的海归董事、有会计或审计背景的海归董事或海归独立董事的影响强于其他海归董事。总的来说，本章得出如下结论：在海外学习或工作后归来的管理层精英将国外的企业避税做法传递给原籍国的企业。同时，我们强调董事会在监督公司避税行为方面的重要作用。

第三章是"海归董事与投资者关系——基于2000—2012年A股上市公司的分析"。本章探讨新兴市场中的企业重视及改变投资者关系的驱动因素，发现新兴市场中投资者关系发展主要源于创新型金融人才推动的制度环境扩散，而非少数海外上市公司的主动学习。研究结果显示，中国A股上市公司董事会中海归董事比例每增加一个标准差，则每年跟踪该公司的分析报告增加23份，该公司的非强制披露公告增加2份，主流财经媒体对该公司的新闻曝光增加8篇，相比样本均值分别上升86%、17%和14%。与此相较，我们发现发行B股或H股的公司并未表现出更强的投资者关系水平，说明公司主动学习机制对促进投资者关系并无显著作用。本章对新兴市场企业重视及改变投资者关系的驱动机制给出解释，证明是外部制度环境驱动新兴市场内部投资者关系的发展。本章进一步拓展对创新型金融人才在全球化进程、公司治理中担任角色的理解。创新型金融人才不仅是知识技术的传播者，还可成为制度扩散的传递者。

本书第二部分研究金融市场风险防范，包括第四章和第五章，分别从交易所公开信息和股票市场波动率的角度探讨投资者与股票市场价格风险防范的关系。

第四章是"投资者关注与市场反应——来自中国证券交易所交易公开信息的自然实验"。本章研究中小投资者关注与金融市场交易信息公开制度。中小投资者关注对资产价格的影响长期以来受到学术界、市场监管层以及资产管理从业者的高度关注。交易信息公开制度是中国证券市场信息公开制度的重要组成部分，其披露的信息因时效性、权威性及独特的交易价值，吸引了大量机构及个人投资者的关注。然而，以往文献尚未对其功能及效果展开充分检验。本章研究了交易所定期发布交易信息这一吸引投资者关注的事件对投资者交易行为和相应股价表现的影响。本章创新性地借助交易所披露的交易信息和涨停板制度所提供的自然实验设定，剔除了引起投资者关注事件背后的基本面影响，纯粹地考察投资者关注带来的影响。研究结果表明，规范适度的监管性信息披露引发的市场关注降低了市场信息不对称性，抑制了股价过度波动，提高了市场定价效率。这些证据为证券市场监管层和资产管理从业者提供了一定的启示，即需要重视信息披露制度的价值，通过规范适度的信息披露制度和健全的投资者教育制度降低市场信息不对称，减少非理性的市场波动，提高市场定价效率。股票市场中政府主导的信息披露对非理性交易具有抑制作用，有利于中国防范化解金融市场中非理性交易带来的风险。

第五章是"股票波动和心血管疾病入院率——来自国家保险赔付流行病学研究（NICER）的成果"。本章研究在中国偶发的股市大跌中股票波动与心血管疾病之间的关联。我们采用时间序列的研究设计，根据覆盖中国174个主要城市的国家保险赔付流行病学研究的数据，评估中国两个主要指数的每日回报率与心血管疾病及其亚型的每日入院人数之间的关系。我们计算指数日回报率每变化1%，每日因特定原因导致的心血管疾病住院人数的平均百分比变化。我们发现，在中国2014—2017年的股市动荡期间，上海证券交易所综合指数每日指数回报率与心血管疾病入院人数之间存在"U"形关联。每日指数回报率变化1%，当天所有心血管疾病、缺血性心脏病、中风、心力衰竭的入院人数分别增加1.28%（95% CI：1.04%—1.53%）、1.25%（0.99%—1.51%）、1.42%（1.13%—1.72%）、1.14%（0.39%—1.89%）。对深圳证券交易所综合指数也观察到类似的结果。我们的研究使用最广泛的数据来拓展财富和健康特别是心血管健康之间关系的知识体系。

本书第三部分探讨互联网金融创新，包括两章，分别从投资者金融教育程度和投资者过度自信的角度来理解不同投资者在互联网金融市场中的行为。

第六章是"金融知识和性别差异对贷款投资业绩的影响"。本章通过大量的实证数据，研究互联网金融投资者的"金融教育程度"——投资者掌握的金融知识以及有助于判断金融产品风险和收益的信息如何影响他们对所投资产品的评估，从而影响其投资决策和结果。我们发现，女性比男性更容易在互联网金融投资上"犯错"，她们的投资结果呈现出更高的风险（坏账）水平和更低的收益率。这个结论似乎与以往的文献和大众的认知相悖——过去有学者发现，女性比男性更厌恶风险，在投资风格上更趋于保守。实际上，无论在文献中还是在大众的印象里，对男性和女性的投资风格和投资结果的比较都在一个相似的群体中进行，如大学生群体、银行员工群体等。这些群体中的男性和女性在综合教育程度、收入水平、金融教育程度等方面有相近的水平，因此，更厌恶风险的女性更愿意投资风险程度低的金融产品。过往的研究发现，无论中外投资者、男性或女性在金融教育程度方面都存在显著的差异，即男性投资者往往比女性投资者掌握更多金融知识和信息。因此有理由推断，相比男性投资者，女性投资者的失手在一定程度上是由于她们的金融教育程度较低。本章不仅从个体层面剖析了提高金融教育程度对提升投资收益的作用，而且为正在由低包容度向高包容度转变的中国金融市场和企业带来了启发：投资者教育有利于培育一个更加良性发展的金融市场，实现投资者和金融服务供应商的双赢。

第七章是"谁说女子不如男？——互联网金融投资行为与过度自信"。本章利用某网站5000多名投资者的交易数据，提供了互联网金融市场上男性过度自信的新证据。以往文献多分析股票市场中的性别效应，但由于股票交易的复杂性，研究结论易受风险偏好、信息不对称、预算约束等假说的影响。我们利用互联网金融线上交易数据，可以降低这些干扰因子的影响。在这5000多名投资者中，男性换手率比女性高167个基点，年化投资收益率低24个基点。这些区别在高换手率、低收益率的子样本中更为显著。进一步研究发现，产生这种差异的主要原因是男性过度交易从而付出更多交易费用。当不考虑交易成本时，男女投资者的收益率没有显著差别。本章的主要贡献在于利用互联网金融市场的特殊市场结构与交易特性，将过度自信假说与风险偏好、信息不对称、预算约束等假说通过实证检验区分开来。本章将过度自信理论应用于互联网金融投资者行为研究，对于拓展过度自信理论的应用范围及投资者教育有重要的意义。

# 目录 CONTENTS

## 1 换位、制度行动者与外围影响悖论
——基于海归董事与公司捐赠的视角　　001
　一、引言　　002
　二、文献回顾、理论分析与研究假设　　005
　三、研究设计　　014
　四、实证结果与分析　　020
　五、稳健性检验　　030
　六、结论　　034

## 2 海归董事与公司税务管理　　051
　一、引言　　051
　二、文献回顾、理论分析与研究假设　　054
　三、研究设计　　056
　四、实证结果与分析　　063
　五、稳健性检验　　075
　六、结论　　076

## 3 海归董事与投资者关系

——基于2000—2012年A股上市公司的分析　　082

一、引言　　082

二、文献回顾、理论分析与研究假设　　083

三、研究设计　　086

四、实证结果与分析　　091

五、稳健性检验　　097

六、结论　　099

## 4 投资者关注与市场反应

——来自中国证券交易所交易公开信息的自然实验　　103

一、引言　　103

二、研究设计　　106

三、实证结果与分析　　114

四、稳健性检验　　119

五、结论　　120

## 5 股票波动和心血管疾病入院率

——来自国家保险赔付流行病学研究（NICER）的成果　　123

一、引言　　124

二、研究设计　　126

三、实证结果与分析　　127

四、稳健性检验　　128

五、结论　　129

## 6 金融知识和性别差异对贷款投资业绩的影响　　140

一、引言　　140

二、文献回顾、理论分析与研究假设　　144

三、研究设计　　146

四、实证结果与分析　151
　　五、结论　163

**7　谁说女子不如男？**
　　——互联网金融投资行为与过度自信　167
　　一、引言　167
　　二、文献回顾、理论分析与研究假设　169
　　三、研究设计　172
　　四、实证结果与分析　175
　　五、稳健性检验　181
　　六、结论　183

# 1 换位、制度行动者与外围影响悖论

## ——基于海归董事与公司捐赠的视角

换位是指将想法与观念从一个环境转换到另一个与此相差比较大的环境。我们研究换位在制度变化中的作用,以及在什么条件下制度行动者能够成功地通过换位影响制度变迁。以往关于换位的研究强调嵌入代理悖论:嵌入一个制度环境中的制度行动者有可能难以改变这个制度环境,因为他们缺少新想法与新观念。作为对以往研究的补充,我们提出换位在制度变迁中的作用取决于外围影响悖论:那些没有被嵌入一个制度环境中的外围行动者更有可能有新想法与新观念,但是因为他们的外围身份,他们也难以改变制度环境。我们的研究表明这一"双重悖论"能被一类行动者克服。这一类行动者既了解其他制度环境中的新想法与新观念,又在当前制度环境中有足够的嵌入性,能获得当前制度环境中决策者的信任与支持。这一类行动者既能看到新想法和新观念的潜力,又能将这些新想法与新观念成功地付诸实践。我们识别这样一类能克服"双重悖论"的行动者:他们在一个国家中成长、接受教育、出国工作或者学习,然后从国外回到祖国。我们把这样的人叫做海归。我们搜集了2000—2012年中国上市公司的数据,包括这些公司董事会中海归董事的个人经历数据。我们发现当海归董事有与海外公司捐赠相关的经历时,他们所担任董事的中国上市公司显著提高了企业社会责任参与度,表现为进行更多的公司慈善捐赠。当海归董事所在公司的其他董事有海外背景或者在当地的嵌入程度高,从而能作为海归董事的伙伴时,海归董事的作用更强。这些证据支持了我们关于"双重悖论"的理论。在当地环境对于制度改变的需求更强时,海归董事的作用更强。

# 一、引　言

制度变革如何发生是制度研究中的一个关键问题（Clemens and Cook, 1999；Scott, 2003；Smets, Morris and Greenwood, 2012；Micelotta, Lounsbury and Greenwood, 2017）。这个问题的核心是嵌入代理悖论（Battilana, Leca and Boxenbaum, 2009）：如果行动者已经嵌入当前的组织中，他们如何对当前的制度加以改变？这个悖论的一种解决方案来自社会运动相关研究，即认为变革是由外围或被排斥的行动者从机构外推动的（Rao, Morrill and Zald, 2000；King and Soule, 2007；Hiatt, Sine and Tolbert, 2009；McDonnell and King, 2013）。我们关注另一种解决方案：换位（Boxenbaum and Battilana, 2005；Padgett and Powell, 2012；Powell and Sandholtz, 2012）。基于行动者在不同程度上受到当前制度环境的约束，换位理论认为"外围的内部人士"更少墨守成规，有更多动机向外部学习。行动者可能会从外部借鉴和调整解决方案，并从内部发起制度变革（Leblebici et al., 1991）。

然而，换位引起了第二个此前较少探讨的问题，那就是那些处于组织边缘的人如何实施变革。与嵌入代理悖论类似，我们把这第二个问题的核心称为外围影响悖论。这两个悖论对于作为机构变革机制的换位都是至关重要的。前者与愿景有关，即新的想法从哪里来；后者与实施有关，即实施变革需要什么。如果不处理第一个问题，行动者在构思导致变革的新想法方面的能力和动力就会受到限制。如果不处理第二个问题，即使行动者有变革的想法，他们实施变革的能力也会受到限制。将这两个悖论结合起来，就出现了机构变革的"双重悖论"问题：一方面，深植于当前机构的行动者可能对重点领域有更深入的了解，但往往深陷其中，无法引入新想法；另一方面，处于机构边缘的行动者可能有新想法，但没有足够的能力来实施。

我们试图通过以下方式来解决这一困境：首先，我们将机构变革中的换位划分为两个阶段，即沉浸（immersion）和转移（transfer）阶段。在前一阶段，行动者获得关于另一环境的知识，内化其中的一些想法，从而接触到愿景。在这个阶段，仅仅是通过初级或次级社会化接触到新观念，就可能改变个人的既定信念，并扩展他们的思维（Berger and Luckmann, 1966）。

在随后的转移阶段,行动者带着从另一环境中内化的制度观念进入焦点环境（focal environment）。当在焦点环境中处理日常事务的既定常规被证明具有局限性时,行动者就会将替代环境（alternative environment）中的制度理念（要素）用于新的用途（Padgett and Powell, 2012; Marquis, Yin and Yang, 2017）。在这个阶段,焦点环境中的嵌入性使行动者能够获得必要的信息、知识和资源,以克服阻力并实施新的设想（Granovetter, 1985; Uzzi, 1997; Luo and Chung, 2005, 2013）。

其次,我们认识到,沉浸和转移这两个阶段存在着不同的挑战,我们确定了一组行动者,他们有能力同时处理这两个悖论,并使机构的换位取得成功。这些行动者,我们称之为制度载体（institutional carriers）,在不同的机构环境中流动。他们充分接触其他机构,从而能够构想出不同于原来的愿景;他们也充分融入其试图改变的焦点机构,从而使这些愿景得以实现。我们希望看到制度载体和其他行动者在促进机构变革方面的差异;我们还期望,在制度载体中,那些对替代性制度有较多接触、在焦点机构中有较高嵌入度的人更有可能促进变革。

为了寻找制度载体,我们把目光投向中国的反向移民现象。这一现象很适合我们的研究,原因有二：一是关于制度产生的理论认为,移民是制度转换的来源,人们从一个国家迁移到另一个国家,携带着新的思想跨越国界（Guillén, 2001; Scott, 2003; Campbell, 2004; Padgett and Powell, 2012）。当我们看到越来越多的移民和越来越多的个人跨越制度背景（Saxenian, 2006; Hernandez, 2014; Kulchina, 2016）,以及关于移民的好处和成本的政治辩论越来越多的时候,这一点尤为重要。特别是在许多国家广泛存在反向移民现象（Wang, 2015; Choudhury, 2016）,据估计,美国约有30％的外国出生的人在抵达美国后的20年内离开美国（Warren and Peck, 1980; Ahmed and Robinson, 1994）。正如我们将在下文论述的那样,反向移民——在国外学习或工作后回国的人与其他制度参与者不同,他们完全有能力处理这两个悖论。

二是关于制度变迁的文献已经强调了环境层面的条件使变迁成为可能的重要性（Maguire, Hardy and Lawrence, 2004; Battilana, Leca and Boxenbaum, 2009）。21世纪初,中国的变革时机已经成熟,因为中国已经向外部世界开放,并经历了一个从计划经济向市场经济过渡的时期（Nee and Opper，2012）。中国企业制度变革的条件也已经成熟，这使得我们可以专注于行动者层面因素的差异（Johnson and Powell，2015）。同时，中国经济规模大、发展差异大的特点也方便了我们的研究。通过探索经济发展的省际差异（Nee，1996；Marquis and Qian，2014；Kaul and Wu，2016），以及上述制度差异和这些行动者的相应作用（DiMaggio，1988；Fligstein，1997；Dorado，2005），我们得以研究机构解决方案的重要性。

我们研究了海归董事——那些有能力成为制度载体的行动者在2000年至2012年中国上市公司慈善捐赠中发挥的作用。公司慈善捐赠以及私人提供公共产品的概念，对中国来说曾经是陌生的，在过去的半个世纪中，政府曾是公共产品和社会服务的唯一提供者。已有研究探讨了2008年5月在中国四川发生的地震如何在互联网上引发要求跨国公司以及国内公司进行慈善捐赠的活动（Zhang and Luo，2013；Luo，Zhang and Marquis，2016）。与这些文献一致，我们认为中国公司慈善事业的迅速发展是一个值得注意的制度变化（Zhang，Marquis and Qiao，2016；Luo，Wang and Zhang，2017），这个制度变化跨越了"思想和实践的距离"（Powell and Sandholtz，2012），具有显著的认知和社会意义。我们研究了制度载体在这一制度变化中的作用。我们认为，"换位"一词在此背景下是合适的：鉴于中国公司与产生公司慈善捐赠理念的那些国外机构之间的制度差异，将实践从一个国家公平地转移到另一个国家不太可能有效。这一转移需要的是从一个环境转移到另一个环境的个人，他们充分利用在第一个环境中获得的经验，并使其适应第二个环境。

我们收集了中国上市公司董事会的精细数据，寻找董事以前的机构经验和公司后来的捐赠实践之间的因果关系，并详细探索这种关系的产生机制。我们预计，在实践和价值观有利于企业捐赠的东道国，有经验的海归董事在解决嵌入代理悖论的能力上比本地董事和没有这种经验的海归董事有优势，在解决外围影响悖论的能力上比有类似经验的外国董事有优势。因此，这些海归董事具有独特的优势，能够同时克服这两个悖论。我们还预计，具有相关经验的海归董事的作用可能会受到行动者和合作伙伴层面的经验和嵌入程度以及环境层面的经验和嵌入需要的影响。

## 二、文献回顾、理论分析与研究假设

### （一）换位和外围影响悖论

长期以来，关于制度变迁的困惑体现在嵌入代理悖论方面（Battilana, Leca and Boxenbaum, 2009），即深嵌入现有制度的个人如何构想出新的制度安排。一种解决方案来自社会运动的有关研究，此类研究强调变革如何在现有机构之外发生，以及外围行动者如何联合改造现有制度（Rao, Morrill and Zald, 2000; King and Soule, 2007; Hiatt, Sine and Tolbert, 2009; McDonnell and King, 2013）。我们关注另一种解决方案：换位（Boxenbaum and Battilana, 2005; Padgett and Powell, 2012; Powell and Sandholtz, 2012），即行动者从外部获得一个想法，使变革从内部发生。Powell 和 Sandholtz（2012）记录了科学家如何将生命科学实验室的组织理念从大学带到由风险投资公司资助的创业公司，从而产生了专门的生物技术公司。Boxenbaum 和 Battilana（2005）记录了个人是如何将美国的多元化管理实践转移到丹麦的。其他几项研究也显示了机构的实践和经验是如何从一个环境转移到另一个环境的（Zilber, 2002; Battilana, Leca and Boxenbaum, 2009; Tilcsik, 2010; Almandoz, 2014）。

这里具体关注换位过程，并将其分为两个阶段，每个阶段都有不同的挑战。第一阶段是沉浸，行动者通过对另一环境中其他成员的了解和对其行为的理解来内化一些想法（Berger and Luckmann, 1966）。沉浸有助于解决嵌入机构的问题（Sewell, 1992; Holm, 1995; Emirbayer and Mische, 1998; Seo and Creed, 2002），因为它允许处于多个机构交叉点的行动者接触新想法。重点在于，行动者的倾向性并不是凭空出现的，它们是在特定的环境和职业中通过接触、习惯或社会化过程学到的，当行动者进入一个新的环境时，它们很可能仍然存在（Berger and Luckmann, 1966）。因此，沉浸的观点在某种程度上保留了制度理论的"结构主义"传统（Scott, 2014），同时允许新的元素被引入其他稳定的环境中（Powell and DiMaggio, 1991; Clemens and Cook, 1999）。在沉浸阶段，接触新的制度理念是关键。

第二阶段是转移，即通过适当的转换或修改，在焦点环境中具体实施来自外部的新观念（Marquis，Yin and Yang，2017）。行动者携带着从替代环境中内化的知识和想法进入焦点环境。由于在焦点环境中处理日常事务的既定常规被证明是有局限性的，他们会着手寻找并试验新想法。在这样做的过程中，他们利用现有的知识储备，寻找关于适当行动的线索，有时还创造出新的工具来应对前所未有的情况。

通常情况下，转移是问题驱动的、务实的（Tilcsik，2010；Powell and Sandholtz，2012）：行动者并不打算转移新想法，而可能只是在焦点环境的条件触发下，利用他们从外面了解到的新事物来形成解决方案。当然，也可能是行动者试图改变现有的实践。即使在后一种情况下，行动者仍然需要从外部获得新想法，如果这些想法能解决焦点机构的问题，就可能更成功。

本章的关键出发点是认识到这两个阶段面临的挑战是不同的，并将后者的主要挑战确定为外围影响悖论：一个处于机构外围的人如何仍然设法推动变革？这会要求行动者构思合法的机构变革概念，这些概念要与当前的机构兼容，但又不同于现有的东西（Hargadon and Douglas，2001），要以可以被接受的方式来构建问题，要知道影响关键行动者和阻挠者的最佳方式，行动者要被看作合法和可信地倡导变革的内部人士（Luo and Chung，2013）。拥有来自外部的想法并不意味着能自动将这些想法付诸实施。事实上，如果一个行动者能够有效"沉浸"，那么他的边缘地位可能使其没有能力应对转移的挑战，在接触变革愿景方面占据有利地位的行动者可能没有将这些变革付诸实施所需的情感纽带（Battilana and Casciaro，2012，2013）。

转移阶段的关键是在焦点机构中存在嵌入性。嵌入性强调经济生活中先前社会关系的重要性（Granovetter，1985；Uzzi，1997）。嵌入在强大的社会网络中的个人和组织以独特的方式来搜索信息和调动资源，这些网络在高质量的实时信息、联合解决问题和学习，以及风险分担和互助方面提供了优势（Ingram and Roberts，2000；Rider，2012；Bermiss and Greenbaum，2016）。因此，在焦点机构中的嵌入可能有助于使行动者被所在的环境熟悉，获得来自同事的信任和权力（Chung and Luo，2008；Luo and Chung，2005，2013），并帮助他们克服外围影响悖论。

换位的两个阶段（沉浸和转移）以及换位得以成功的两个关键特征（接触和嵌入）促使我们寻找一种新型的行动者——制度载体，他们可以很好地应对这两个阶段的挑战，并成功实践换位。我们以中国企业中的企业捐赠行为为背景，关注海归人员在推广这一行为中所扮演的角色。

### （二）作为制度行为的企业慈善捐赠

关于企业捐赠作为企业社会责任（CSR）实践类型的制度视角表明，这类实践需要在其国家、文化和制度背景下加以考虑。[①]在政府提供大部分公共产品或要求私人行为者这样做的社会中，企业并没有义务自愿开展 CSR 活动。在其他类型的社会中，如果政府提供的公共产品不足，法律法规为企业的自由裁量权留下了空间，CSR 活动可能是出于企业的战略动机以及各种利益相关者施加的压力，如社会活动家（McDonnell and King，2013）以及行业和社区的同行（Galaskiewicz，1985；Marquis，Glynn and Davis，2007；Marquis，Davis and Glynn，2013；Marquis and Tilcsik，2016）。

通过对美国和欧洲国家的比较，我们可以说明制度是如何影响 CSR 的。例如，与美国的同行相比，欧洲国家的公司不太倾向于从事慈善事业（Palazzo，2002），部分原因是欧洲国家税收水平相对较高，福利更加发达。因此，对公共产品的资助，如教育或艺术，通常被认为是政府的责任。类似的模式也存在于消费者保护、产品管理等领域。研究进一步表明，这种三元结构安排和企业社会责任概念背后的制度差异有其历史和文化渊源（Aguilera et al.，2007；Campbell，2007；Matten and Moon，2008）。例如，Pasquero（2004）认为，美国式的 CSR 是嵌入在个人主义、民主多元主义、道德主义和功利主义的文化中的。在美国之外，跨国研究表明，国家文化等非正式制度与该国 CSR 活动相关（Ioannou and Serafeim，2012；Liang et al.，2018）。最终，CSR 的"正确"程度将由当地的文化价值观和规范裁量。

### （三）中国的企业慈善捐赠

在我们的样本期间（2000—2012 年），中国企业平均花费了 71.506 万元人民币的捐赠费用，占销售额的 0.0311%，这一比例明显落后于美国企业。

---

[①] 战略研究认为，企业通过慈善事业或其他方式主动与关键利益相关者分享价值（Kramer and Porter，2006；Lev，Petrovits and Radhakrishnan，2010；Wang and Qian，2011；Madsen and Rodgers，2015；Kaul and Luo，2018）。在这项研究中，我们对企业捐赠是对公司还是对社会有益持中立观点。

政府是中国公共产品和社会服务的主要提供者。

近年来的研究指出，企业捐赠和一般的 CSR 实践在中国正在快速发展（Wang and Qian, 2011; Luo, Zhang and Marquis, 2016）。在这种快速发展的背后，是中国日渐成熟的社会变革（Padgett and Powell, 2012）。中国正在扩大开放，与西方国家接触，经历从计划经济、国有经济向市场经济和充满活力的私营经济的制度转型（Nee and Opper, 2012）。同时，在过去的20多年里，非官方的、"自下而上"的非政府组织的作用越来越大（Spires, 2011; Marquis and Bird, 2018）。此外，地区差异仍然被认为是一个尖锐的问题，因为在一些地区，社会需求没有得到充分满足（Ravallion and Jalan, 1999）。这些条件均对社会捐赠的发展有利。研究指出，政府的领导（Marquis and Qian, 2014; Zhang, Marquis and Qiao, 2016），以及社会活动家的影响（Zhang and Luo, 2013; Luo, Zhang and Marquis, 2016）对企业捐赠具有较大的影响。尽管政府和社会活动家对 CSR 的支持越来越多，但这一做法仍然面临来自公司董事会成员的巨大阻力。毕竟，在从事企业捐赠相对不常见的条件下，他们不清楚这样做是否会为公司的利益相关者带来回报。鉴于回报的不确定性，董事们可能会认为公司捐赠是以股东利润为代价的，因此抵制这种行为。这与20世纪50年代美国企业的情况并没有什么不同，当时，完全为股东利益服务的任务是第一位的，后来，美国企业才逐渐放松了制度上的限制，开始从事更广泛的企业慈善事业（Galaskiewicz, 1985）。从本质上讲，如果没有一个支持企业从事慈善事业的制度环境，企业慈善活动的回报就不确定，当地的董事就更有可能对这种想法漠不关心，甚至抵制。因此，一些经理和董事仍然认为企业捐赠是一个陌生的概念，不适合中国的环境。他们的态度是："企业社会责任是一个先进的概念，但在中国现阶段的发展中很难实施。社会需要更进一步接受这个外来的概念"（Yin and Zhang, 2012）。这样一个外来的概念如何克服来自董事会的阻力，并在一些公司的实践中被内化？我们认为，制度载体——在我们的环境中指具有相关经验的海归董事在从内部推动这一变革方面发挥了重要作用。

**（四）哪些行动者是重要的制度载体？**

首先，沉浸阶段。沉浸阶段有助于解决嵌入机构的问题（Sewell, 1992; Holm, 1995; Emirbayer and Mische, 1998; Seo and Creed, 2002），允许处

于多个机构交叉点的行动者构建新想法。我们希望有两种类型的行动者能够沉浸在新想法中：外国董事和海归董事。对外国董事来说，沉浸是通过初级社会化进行的，即个人在童年时经历的一个阶段。对海归董事来说，沉浸是通过二次社会化进行的，即"将已经社会化的个人引入其社会的客观世界的新领域的后续过程"（Berger and Luckmann，1966）。无论哪种方式，沉浸都是行动者接触替代环境，然后将其中一些想法内化，形成公认的信念。唯一不同的是，在二次社会化的情况下，行动者需要应对一个与他们接受初级社会化的环境不同的环境。

有关移民的研究支持了二次社会化的观点，这些文献探究了移民如何沉浸在东道国的价值观中（Portes and Zhou，1993；Alba and Nee，2003）。研究者区分了浸入的层次：文化适应，即移民仅仅接触东道国的价值观和做法；同化，即移民对这些制度观念相互认同（Gordon，1964）。虽然完全的同化或内化可能不是所有移民具有的普遍结果（Portes and Rumbault，1990；Portes and Zhou，1993），但单纯地接触外来文化导致的同化仍然不可避免（Gordon，1964；Alba and Nee，2003；Nee and Alba，2013）。特别地，由于"他们事业成功且缺乏强大的民族网络来加强原籍国的文化"，职业移民的沉浸被证明是快速的（Portes and Rumbault，1990）。这些移民往往定居在混合族裔的社区，他们不仅与自己的族群成员建立持续的社会关系，而且还与自己的族群以外的个人进行频繁的社会和生态交流，这种强化的社会环境为文化适应和某种程度的同化提供了回报（Berger and Luckmann，1966；Nee and Alba，2013）。

中国出生的海归董事，作为当代的专业移民（Portes and Rumbaut，1990；Alba and Nee，2003），有很大的可能已经内化了东道国的价值观。沉浸可能体现为海归董事在国外期间通过学习或工作直接参与企业捐赠，或者仅仅体现为生活在企业捐赠的价值和实践盛行的环境中。例如，他们在当地的博物馆可能会看到纪念主要捐赠者的公司的牌匾，在其他地方可能会看到宣传公司慈善活动的广告。不管通过什么渠道，一旦沉浸其中，企业慈善事业等制度化的理念就会成为他们文化的一部分。

当然，并不是所有海归董事和外国董事都接触过这种制度化理念。这是因为他们来自不同的国家，其中只有一些国家有广泛的捐赠行为。Ioannou和Serafeim（2012）的研究表明，在权力距离水平较高的国家，企业在社会责任活动上的得分较低，而在个人主义水平较高的国家，企业在社会责任活动上的得分较高。我们认为，在实践和价值观更有利于企业捐赠的国家——高捐赠国家，有经验的海归董事和外国董事可能更多地接触到企业捐赠的制度理念，因此他们来到中国后更有可能采用这种理念。相比之下，本地董事以及来自低捐赠国家的外国董事和海归董事没有渠道接触这些想法。

其次，转移阶段。虽然来自高捐赠国的外国董事和海归董事在沉浸阶段都可能接触到其他机构的做法，但在转移阶段需要满足一项必要条件即在焦点机构具有较高的嵌入性。这是因为机构变革需要克服在主流规范和假设面前的巨大阻力。

我们认为，与外国董事相比，海归董事更有可能嵌入焦点环境的社会关系中，因此可以更好地获得实施制度变革所需的信息、知识和资源。海归董事了解当地的历史、文化、语言和其他外国董事难以评估的因素。另外，海归董事，尤其是那些大量参与企业网络的董事（Galaskiewicz，1985；Davis，1991；Mizruchi，1996；Tilcsik and Marquis，2013），更有可能拥有当地的信息，并享有合作和信任的关系。

这种社会关系和网络资源不太可能提供给外国董事（Zaheer，1995），因此，外国董事可能很难说服董事会中的其他人相信公司捐赠的必要性。与关于人口一致性的公司治理文献（Westphal and Zajac，2013）和群体动态的社会心理学文献（Kanter，1977；Lau and Murnighan，2005）一致，外国董事的人口差异可能会为他们带来群体外的偏见，限制他们对决策的影响（Westphal and Zajac，1995；Westphal and Milton，2000）。这些董事也可能缺乏对当地文化和背景的了解，无法提出其他董事认为的有说服力的论据。事实上，外国董事对企业捐赠的支持可能会强化企业捐赠是一个外国概念的看法（Yin and Zhang，2012），从而减少企业采用这一做法的机会。

因此，尽管来自高捐赠国家的外国董事可能和海归董事一样接触到其他机构的做法，但总体而言，他们在焦点机构中的地位还不足以帮助他们实施这些做法。而嵌入性更强的海归董事更可能推动变革。[①] 同时，本地董事和没有相关经历的海归董事，即使被充分地嵌入组织之中，也难以产生新想法。

---

① 尽管海归董事的嵌入性可能并不像本地董事一样那么强，但我们的论点在于，他们拥有足够的推动变革的嵌入性。

综合这些论点，我们认为，与具有类似经历的外国董事、没有相关经历的海归董事和本地董事相比，具有相关经历的海归董事一般来说更有可能成为企业慈善事业的制度载体。

**假设 1（H1）：在一个公司的董事会中，来自高捐赠国家的海归董事的增加将与公司捐赠水平的提高有关。**

（五）接触和嵌入的影响

在研究平均效应之后，我们考虑：在更有利的条件下，某些制度载体可能会有更高的倾向性，促进换位效应的发生。下文将探讨与行动者、合作伙伴和领域层面的接触和嵌入有关的因素，这些因素对来自高捐赠国家的海归董事对企业捐赠的影响有调节作用。

我们预计，对于那些有更多海外经历的海归董事来说，他们能够得到具有海外经验的合作伙伴的帮助，并且当原有制度环境最需要改变的时候，这种帮助的影响会更大。同时，我们还预计，对于那些具有较高嵌入性的海归董事来说，他们能够接触到具有较高嵌入性的合作伙伴，当原有制度环境依赖高嵌入性的情况下，这种情形的影响会更大。

**接触：董事的特点**。我们认为，在沉浸阶段，海归董事通过接触国外的制度理念，形成了对企业捐赠的既定信念。我们进一步认为，在国外停留的时间越长，海归董事就越有可能接触到相关的制度理念。

**假设 2a（H2a）：海归董事在高捐赠国家停留时间越长，对企业捐赠的积极影响越强。**

**接触：合作伙伴的特点**。学者们认为，行动者可能不会独自推动变革，而是会发展盟友（Rao, 1998；Lawrence, Hardy and Phillips, 2002），并通过这些盟友进行动员（Fligstein, 1997；Greenwood, Suddaby and Hinings, 2002；Boxenbaum and Battilana, 2005）。

一类潜在的盟友是来自高捐赠国家的外国董事。虽然总体而言，这些外国董事可能没有足够的嵌入性来独自实施变革，但通过初级社会化，他们确实可以获得与海归董事相同的文化影响。当海归董事提出建议时，外国董事可能会自然而然地倾向于支持他们在本国熟悉的想法和做法，而海归董事在实施变革时能够得到他们的支持和投入。反过来，外国董事也可以从海归董事的高嵌入性和理解力中获益，他们可以在同一个董事会中与海归董事建立联盟关系。因此，具有类似经验的外国董事在董事会中的存在可能会扩大海归董事的接触面及其影响。

**假设 2b（H2b）：当公司有更多来自高捐赠国家的外国董事时，来自高捐赠国家的海归董事对公司捐赠的积极影响更大。**

**接触：环境的特点。**海归董事接触到企业捐赠的制度理念本身并不意味着他们要从事企业捐赠。当行动者在焦点环境中遇到问题时，他们对其他环境的接触可能会被证明是最有影响的，也是最必要的。农村和城市地区之间以及繁荣的沿海地区和欠发达的内陆地区之间存在着明显的差异（World Bank，2000）。地区差异问题不仅威胁到较贫困地区人民的生计，也威胁到整个社会的稳定，这使中国迫切需要找到一种解决办法。

当然，基于地方经济发展水平的地方需求本身并不意味着企业捐赠被认为是一种解决方案，可能还有许多其他解决方案（Ballesteros，Useem and Wry，2017）。企业捐赠更有可能被熟悉这种做法并能在这种情况下成功发挥其作用的人视为一种解决方案。这就是为什么当具有相关经验的海归董事参与其中时，企业捐赠更有可能成为一种回应。

与"问题驱动"的概念相一致（Tilcsik，2010；Powell and Sandholtz，2012），我们认为，在当地需求存在的情况下，具有相关经验的海归董事可能会利用他们的经验将企业捐赠作为一种解决方案。

**假设 2c（H2c）：当所在地点对解决经济发展水平低下的问题有更强烈的需求时，来自高捐赠国家的海归董事对企业捐赠的积极影响更大。**

**嵌入性：董事的特点。**海归董事必须有足够的嵌入性，以便从内部促进变革（Chung and Luo，2008）。虽然我们认为，海归董事有足够的嵌入性来实现机构变革，但他们的嵌入性程度和来源可能有所不同。有证据表明，与本地企业家和经理人相比，一些海归企业家和经理人可能会被边缘化（Li et al.，2012；Obukhova，2012；Wang，2015），同样的事情也可能发生在一些海归董事身上。

我们认为，海归董事可以通过组织间的联系实现更高层次的嵌入性，他们可能从组织间网络的结构性联系中获得信息和关系上的优势（Mizruchi，1996）。因此，他们可能会带来信息和关系资产，为公司带来价值（Pfeffer and Salancik，1979；Haunschild，1993；Westphal，Seidel and Stewart，2001），并利用其中的一些优势，使他们所青睐的做法合法化，同时克服在改变现有制度时遇到的阻力（Galaskiewicz，1985；Tilcsik and Marquis，2013）。

**假设 3a（H3a）：当来自高捐赠国家的海归董事具有更强的组织间嵌入性（以进入当地董事会的形式）时，海归董事对企业捐赠的积极影响更大。**

**嵌入性：合作伙伴的特点**。正如海归董事可能与那些同样接触外部实践的人形成联盟一样，他们也可能与有政治关系的本地董事形成联盟。有政治关系的董事在母国机构中有很强的嵌入性（Marquis and Raynard，2015；Haveman et al.，2014），使他们既能更好地了解当地环境，又有能力推动变革。

一些学者认为，国家官员往往会关心社会福利的结果，以尽量减少社会动荡（Wang and Luo，2019）。由此可见，有政治关系的董事也会关心社会问题（Leuz and Oberholzer-Gee，2006；Siegel，2007；Zhang，Marquis and Qiao，2016）。与其他优先考虑股东收益最大化，因而可能认为公司捐赠是浪费的本地董事相比，有政治关系的本地董事可能更愿意采用这种做法。作为本地人和现行制度的一部分，有政治关系的本地董事不太可能自己构思新的制度理念。事实上，有政治关系的董事可能会自然而然地倾向于认为，企业为国家与社会承担责任是解决社会问题的方法，这与嵌入代理悖论相一致（Battilana，Leca and Boxenbaum，2009）。当外界提出企业捐赠的想法时，他们可能会认识到这种解决方案具有实用性，并符合自己的利益（Marquis and Qiao，2020；Wang，Du and Marquis，2019），从而愿意帮助实施。

因此，如果董事会中的本地董事有较多的政治关系，那么海归董事在移植捐赠理念方面可能会特别有效。虽然仅仅存在有政治关系的本地董事并不能证明他们与海归董事结盟，但他们在同一个董事会中的比例越高，意味着海归董事与更多的嵌入式行动者结盟的可能性越大。

**假设 3b（H3b）：当公司有更多的本地董事有政治关系时，来自高捐赠国家的海归董事对公司捐赠的积极影响更强。**

**嵌入性：环境的特点**。对嵌入性的需求随着新实践的日益制度化而减少（DiMaggio，1988；Fligstein，1997；Dorado，2005）。在中国，2008 年是企业慈善捐赠发展的重要一年，也是 CSR 发展的重要一年，主要原因有二：首先，2008 年发布 CSR 报告的企业数量明显增加（Luo，Wang and Zhang，2017），这是因为中国政府对企业社会行为的监管力度越来越大（Marquis and Qian，2014；Zhang，Marquis and Qiao，2016）。其次，2008 年的汶川地震引发了大规模的互联网运动，在中国的跨国公司和国内企业大写进行了企业慈善捐赠（Zhang and Luo，2013）。2008 年之后，企业捐赠更为制度化，对海归董事等嵌入式行动者的实施需求变得不那么明显。随着实践的整体阻力下降，具有相关经验的海归董事实施这些实践的独特优势也会减弱。

假设 3c（H3c）：当企业捐赠的做法变得制度化时，来自高捐赠国家的海归董事对企业捐赠的积极影响会减弱。

# 三、研究设计

## （一）样本

我们将中国作为研究背景来检验我们的理论。对国际移民的研究表明，在许多国家都有大量且数量不断增加的回国人员，中国也不例外。从 1978 年到 2012 年，大约有 260 万中国人出国留学，虽然大多数留在了国外，但仍有约 110 万人回国（中华人民共和国国家统计局，2013）。为了研究这些回国人员对中国企业的影响，我们研究了 2000 年至 2012 年在 A 股市场公开交易的中国公司。我们从 2461 家上市公司的 51915 名执行董事和非执行董事的简历中手动收集了有关海外教育、工作经验和其他人口统计学特征的信息。在排除财务信息缺失的公司后，我们得到的最终样本是 19802 个独特的公司年度观察值。

我们将重点放在董事在企业社会行动领域决策中的作用上，这与之前的一些研究一致（Marquis and Lee，2013；McDonnell and Cobb，2020）。在中国，董事的作用可能更加突出（Zhang, Marquis and Qiao，2016），董事会通常不独立于最高管理层，并最终对公司的运营负责，参与内部决策（Kato and Long，2006；Firth, Fung and Rui，2006）。

## （二）变量

我们的主要因变量是捐赠销售比[①]，即公司的捐赠支出除以总销售额。根

---

[①] 为了分析特定行业的趋势，这个衡量标准被调整为某一年企业所在行业的捐赠与销售比率的中位数。我们使用中国证监会官方行业分类中的两位数行业代码来定义行业，并从一个公司的捐赠销售比中减去该公司在特定年份的捐赠销售比中位数。我们的结果在使用三位数行业代码或不对行业特定趋势进行调整的情况下也是稳健的，见后文表 1-7 面板 B 第 6 列和第 7 列。

# One¹ 换位、制度行动者与外围影响悖论

据中国的会计准则，上市公司必须披露捐赠支出。此外，从事慈善事业的公司有动机准确地报告其捐赠费用，以享受税收减免（Wang and Qian，2011）。为了获得企业捐赠的数据，我们结合了三个数据库——CSMAR 数据库、RESSET 数据库和 iFind 数据库，这些数据库都是从中国企业发送给监管机构的披露文件中收集数据。①

我们构建了一个衡量海归董事的指标，其定义是公司中拥有海外经验的中国董事人数除以董事总数。② 为了获得有关董事海外经历的信息，我们在 CSMAR 数据库中对他们的履历进行人工编码。我们的样本中总共有 51915 名独特的董事，其中 9.07% 是海归董事。

对于 H1，我们通过将海归董事分成两个变量，即来自高捐赠国家的海归董事和来自低捐赠国家的海归董事，并将这两个变量纳入回归，探索海归董事在国外期间的制度接触。

我们的样本中的海归董事来自 46 个不同的国家，这些国家与企业捐赠相关的做法和价值观各不相同。我们利用世界捐赠指数（WGI）收集了国家层面的慈善捐赠实践数据，并将高捐赠国家定义为 WGI 得分高于所有样本国家中位数的国家，低捐赠国家定义为 WGI 得分等于或低于中位数的国家。③ 然后，我们将海归董事与这些国家联系起来，并在公司年度层面上计算从高捐赠国家回来的海归人员与从低捐赠国家回来的海归人员的比例。④ 同样，我们构建了一个外国董事的衡量标准，即外国董事的比例，我们把这个衡量标准分成两个变量，即来自高捐赠国家的外国董事和来自低捐赠国家的外国董事。使用这些衡量标准意味着我们分析中的遗漏类别是本地董事，因此这些变量

---

① 我们检查了各数据库捐赠数据的相关性和平均值差异，发现高度一致。
② 海归董事这一变量是对董事会层面的二元个体测量的简单汇总。我们的假设是，与海归董事比例较低的董事会相比，海归董事比例较高的董事会可能会受到外国假设、优先事项和规范的影响。为了解决这种综合因素可能会影响我们的结果的问题，我们进行了稳健性检查，将样本限制在不超过一名海归董事的观察范围内，发现结果一致。
③ WGI 提供了对世界各地捐赠文化的范围和性质的深入调查，我们使用的 2012 年版本（www.cafonline.org/docs/default-source/about-us-publications/worldgivingindex2012web.pdf）是基于对 146 个国家超过 15.5 万人的调查。
④ 如果一个海归董事有在多个国家的工作经历，我们就把该董事与其所停留的所有国家的平均 WGI 联系起来。在极少数情况下，海归董事在某个国家的经历中可能没有 WGI 得分，我们就把他分配到低捐赠国家的海归董事中。我们对 H1 的研究结果在完全省略这些海归人员后是稳健的。

的系数被解释为衡量外国董事相对于本地董事的影响。

对于 H2a,我们收集了海归董事在国外停留时间的数据,以衡量海归董事对国外机构接触的程度,这个衡量标准是来自高捐赠国家的海归董事在海外停留的平均时间,对于没有海归董事的公司,这个衡量标准被编码为0。为了检验 H2b,我们将来自高捐赠国家的外国董事与来自高捐赠国家的海归董事进行交互作用。对于 H2c,我们用 CSMAR 数据库中各省的人均 GDP 来衡量省级经济发展水平。

对于 H3a,为了衡量海归董事的嵌入程度,我们收集了样本中上市公司的董事会交互数据,并将来自高捐赠国家的海归董事分为特定年份在多个董事会任职的董事和在单个董事会任职的董事,前者在母国机构的商业网络中嵌入程度更高。然后,我们计算了来自高捐赠国家且在多个董事会任职的海归董事这一变量,即来自高捐赠国家且在多个董事会任职的海归董事人数除以董事总数。我们将这一指标与来自高捐赠国家的海归董事进行交互作用。为了检验 H3b,我们从董事的简历中手动收集了有关政治关系的信息。① 我们创建了一个名为有政治关系的当地董事的变量,即拥有政治关系的当地董事的数量除以董事总数,并将其与来自高捐赠国家的海归董事进行交互。为了检验 H3c,我们构建了一个指标变量,即 2008 年之后,2008 年之后编码为 1,其他时间为 0。这个变量代表 2008 年后中国企业社会责任实践的制度化 (Luo,Wang and Zhang,2017),我们将其与来自高捐赠国家的海归董事进行交互作用。

我们控制了一些可能影响捐赠决定的董事会特征。具体来说,女性董事表示女性董事的数量除以董事总数。我们用这个变量控制女性董事可能更有可能从事慈善活动(Marquis and Lee,2013)。此外,我们还控制了其他一些董事会和公司的特征。

在董事会层面的控制变量中,董事年龄表示董事会董事的平均年龄;董事任期表示观察年份和董事加入董事会的年份之间的平均差异;内部董事表示作为公司雇员领取工资的董事人数除以董事总人数。在公司层面的控制变

---

① 我们寻找的线索包括:董事是否是人大的成员,是否是政协的成员,是否是地方政府任命的政府顾问(Zhang,Marquis and Qiao,2016)。这三个职位是希望获得政治资本的商业领袖最想得到的。我们发现,在我们的样本中,有 3.17% 的董事有政治关系,其中大部分人是人大或政协成员。

量中，为了说明公司的所有权结构，我们引入外资企业（所有外国法人拥有的股份数量除以公司的总股份）、Block（最大股东的股份规模除以公司的总股份）和国有企业（如果最大的最终股东在 CSMAR 数据库中被标记为"国有"或"国有控股"，则虚拟变量编码为 1，否则为 0）等变量。为了体现公司的规模、经营时间、盈利能力和估值与公司捐赠或海归董事的存在有关的可能性，我们引入公司规模（公司总资产的自然对数）、公司经营时间（公司成立以来的总年份自然对数）、ROA（公司的营业收入除以总资产）和市值账面比（股权的市场价值加上总负债的账面价值再除以总资产的账面价值）等控制变量。最后，由于公司捐赠可能取决于其流动资金的可用性，我们构建了杠杆率（总负债除以总资产）和自由现金流（来自经营、财务和投资活动的现金流之和除以总资产）这两个变量。除了离散指标变量外，我们对所有变量在第 1 个和第 99 个百分位数上进行缩尾处理。

表 1-1 显示了上述变量在公司年度层面上的汇总统计。原始统计表明，公司捐赠的做法在中国仍处于起步阶段。如上所述，中国企业平均花费了 71.506 万元的捐赠费用，相当于销售额的 0.0311%。捐赠的分布是右偏的，捐赠费用的中位数是 2.163 万元。海归董事的平均数为 11.04%，中位数为 9.09%，这意味着在一个普通公司，每 10 个董事中就有一个是海归董事。其中，来自高捐赠国家的海归董事的平均比例为 9.35%，中位数为 6.67%。

表 1-1 描述性统计

| | Mean | Median | S. D. | # of observations |
|---|---|---|---|---|
| 企业慈善捐赠支出（千元） | 715.0580 | 21.6295 | 2986.3843 | 19802 |
| 捐赠销售比（%） | 0.0311 | 0.0020 | 0.0814 | 19750 |
| 捐赠利润比（%） | 0.3703 | 0.0098 | 1.2306 | 19802 |
| 海归董事 | 0.1104 | 0.0909 | 0.1343 | 19802 |
| 来自高捐赠国家的海归董事 | 0.0935 | 0.0667 | 0.1232 | 19802 |
| 来自低捐赠国家的海归董事 | 0.0169 | 0.0000 | 0.0478 | 19802 |
| 外国董事 | 0.0046 | 0.0000 | 0.0262 | 19802 |
| 来自高捐赠国家的外国董事 | 0.0029 | 0.0000 | 0.0191 | 19802 |
| 来自低捐赠国家的外国董事 | 0.0018 | 0.0000 | 0.0148 | 19802 |
| 外资企业 | 0.0123 | 0.0000 | 0.0559 | 19802 |

(续表)

| | Mean | Median | S. D. | # of observations |
|---|---|---|---|---|
| **Block** | 0.3860 | 0.3654 | 0.1623 | 19802 |
| 国有企业 | 0.4632 | 0.0000 | 0.4987 | 19802 |
| 总资产 | 21.4146 | 21.2703 | 1.1789 | 19799 |
| 公司运营时间（自然对数） | 8.1976 | 8.2983 | 0.5342 | 19802 |
| **ROA** | 0.0329 | 0.0386 | 0.0829 | 19799 |
| 市值账面比 | 2.5060 | 1.9194 | 2.0095 | 19245 |
| 杠杆率 | 0.4926 | 0.4779 | 0.3036 | 19799 |
| 自由现金流 | 0.0279 | 0.0070 | 0.1311 | 19730 |
| 女性董事 | 0.1066 | 0.1000 | 0.1066 | 19802 |
| 董事年龄 | 48.8642 | 48.9000 | 3.9959 | 19793 |
| 董事任期 | 2.9712 | 3.0000 | 0.7133 | 19802 |
| 内部董事 | 0.3858 | 0.3750 | 0.2049 | 19784 |
| 来自高捐赠国家的海归董事平均停留时间 | 1.8477 | 0.0000 | 3.9868 | 19802 |
| 来自高捐赠国家且在多董事会任职的海归董事 | 0.0231 | 0.0000 | 0.0503 | 19802 |
| 有政治关系的本地董事 | 0.0269 | 0.0000 | 0.0611 | 19802 |
| 人均 GDP | 33.0612 | 28.3320 | 21.9009 | 19802 |
| 2008 年之后 | 0.4225 | 0.0000 | 0.4940 | 19802 |
| 来自高捐赠国家的长任期外国董事 | 0.0147 | 0.0000 | 0.1190 | 19802 |
| 有效税率 | 0.1409 | 0.1266 | 0.2330 | 18462 |
| 来自低权利距离国家的海归董事 | 0.0727 | 0.0000 | 0.1019 | 19802 |
| 来自高权利距离国家的海归董事 | 0.0377 | 0.0000 | 0.0758 | 19802 |
| 来自高个人主义国家的海归董事 | 0.0586 | 0.0000 | 0.0892 | 19802 |
| 来自低个人主义国家的海归董事 | 0.0518 | 0.0000 | 0.0881 | 19802 |

注：本表报告了 2000 年至 2012 年期间公司年度层面观察的描述性统计。

### （三）识别策略

在理想的实验中，我们随机地把海归董事分配给一组公司，并观察这些公司的捐赠行为与那些没有被分配到此类董事的公司相比有何变化。但是，雇用海归董事的决定是一个内生的决定，可能会受到与捐赠行为变化相关的、未观察到的公司特定因素的影响。特别是，遇到某些挑战或机会的公司可能会选择或吸引海归董事，而同样的（未观察到的）挑战和机会也可能导致公司作出更多或更少的捐赠。另外，希望捐赠的企业可能更愿意或不愿意雇用海归董事，从而导致产生反向因果关系的问题。由于这些原因，普通的最小二乘法估计不足以确定海归董事对捐赠的因果影响。

我们用两种方法来处理上述问题：首先，我们在所有分析中使用公司固定效应来控制未观察到的公司层面的因素，这些因素是时间固定的。其次，为了解决其他遗漏变量或反向因果关系的问题，我们效仿 Giannetti、Liao 和 Yu（2015）的做法，利用中国各省份出台的吸引海归人才的政策，对海归董事的比例采用工具变量（IV）方法。从 20 世纪 90 年代末开始，中国各省份采取吸引高端人才回国的政策（Zweig and Wang，2013）。这些政策的主要目的是提高学术和工业研究的质量，促进创业活动。各省份试图吸引最杰出的海外人才，为他们提供包括税收优惠、创业贷款机会、新实验室和研究拨款、补贴住房、免税进口汽车和电脑、子女教育、医疗福利、配偶工作和长期居留许可在内的各种优惠。[①] 被这些政策吸引的回国人员大多是那些在国外接受过培训并在那里立足的人。一旦回到中国，他们就可以作为从属或独立董事加入公司董事会。

这些省级政策的出台使得本地公司更有可能用海归人才填补董事会的职位。这些政策导致不同省份潜在海归董事的供应在不同时间的外生性增加。因此，我们构建了省级政策这个虚拟变量，在各省级政策实施后取值为1，并将其作为反映海归董事比例的工具变量。此外，我们将政策虚拟变量和可能影响企业对海归董事需求的事前所有权特征（国有企业、外资企业和 Block，在样本期开始时测量）之间的相互作用作为工具变量，因为省级政策对海归董事的影响可能取决于这些事前所有权特征。在结合政策虚拟项和交互项来构建工具变量时，我们利用时间和截面的变化来提高第一阶段估计的精确度，而且我们预计它们会成为企业是否能够吸引海归董事的有力预测因素（纳入限制）。Angrist 和 Pischke（2009）提出了类似的方法，并在 Giannetti、Liao 和 Yu（2015）中得到实施。

我们认为这些工具不太可能与公司通过海归董事以外的渠道作出的捐赠决定有系统的联系。公司通过海归董事以外的渠道作出捐赠决定，主要有两

---

[①] 鉴于政策重点是吸引杰出的外籍人士，这些政策实际上产生了不成比例地吸引高捐赠国家的海归人员的效果，这一点将在下一节讨论。

个原因：首先，各省份吸引海归人才的政策旨在吸引一般的海归人才，而不是专门吸引海归人才在企业董事会任职，当然也不是专门针对上市公司及其董事会。因此，我们认为这些政策不太可能与预期的企业慈善事业有关。

有学者发现，中国省级领导执行省级政策的行为部分是为了促进自己的事业发展（Chen, Li and Zhou, 2005；Li and Zhou, 2005；Maskin, Qian and Xu, 2000；Wu et al., 2014；Wang and Luo, 2019），他们实施的政策可能与他们所管辖的省份的经济发展（或位于该省份的企业的表现）有关，也可能无关。我们还按年份将各省份的政策采用年份与各省份人均 GDP 联系起来，发现两者之间的相关性不明显；政策采用年份与人均 GDP 之间的皮尔逊相关系数为 0.10，$p$ 值为 0.6。因此，我们认为没有理由担心这些政策的采用与经济发展和企业捐赠的实际需要有关。

其次，在第二阶段的估计中控制了当时的公司所有权特征以及公司固定效应和其他时间变化的公司特征之后，只要事前所有权特征不预测公司捐赠行为的未来变化，识别假设就得到了满足。我们在稳健性检验部分描述了对工具变量方法有效性的额外测试。

## 四、实证结果与分析

### （一）海归董事与企业捐赠

表 1-2 显示了行业中位数调整后的企业捐赠销售比对海归董事的回归结果。第 1 列显示了一个简单的 OLS 回归，其中有公司的固定效应，没有控制变量；第 2 列显示了有控制变量的回归。[①] 海归董事和捐赠销售比之间的关系

---

[①] Angrist 和 Pischke（2009）指出，使用 OLS 回归方法来获得因果效应是有效的，即使因变量的值有界限。非线性模型（如分数 Logit 模型）虽然可以更贴近数据，但并不能大幅改善边际效应的估计。非线性模型的估计也比线性模型的估计需要更多的假设。在考虑工具变量和面板数据时，这些额外的假设可能特别复杂。也就是说，在未报告的分析中，作为稳健性检查，我们使用类似于表 1-2 第 2 列的规格，估计了一个分数逻辑模型（Papke and Wooldridge, 2008），发现结果一致。

是正的，在统计上是显著的，而且也与我们的基线预期一致。①

表 1-2 海归董事与企业捐赠（H1）

| | 因变量：行业—一年调整后的捐赠销售比 | | | |
|---|---|---|---|---|
| | OLS | | 2SLS | |
| | （1） | （2） | （3） | （4） |
| 海归董事 | 0.0219** | 0.0155+ | 0.3723** | |
| | (0.0073) | (0.0081) | (0.1330) | |
| 外国董事 | | −0.0036 | −0.2885* | |
| | | (0.0521) | (0.1185) | |
| 来自高捐赠国家的海归董事 | | | | 0.4358** |
| | | | | (0.1517) |
| 来自低捐赠国家的海归董事 | | | | 0.0366 |
| | | | | (0.0268) |
| 来自高捐赠国家的外国董事 | | | | −0.3502** |
| | | | | (0.1358) |
| 来自低捐赠国家的外国董事 | | | | −0.2062+ |
| | | | | (0.1080) |
| 外资企业 | | 0.0090 | −0.0451 | −0.0494 |
| | | (0.0147) | (0.0291) | (0.0302) |
| Block | | −0.0005 | 0.0069 | 0.0048 |
| | | (0.0100) | (0.0112) | (0.0115) |
| 国有企业 | | 0.0018* | 0.0006 | 0.0013 |
| | | (0.0021) | (0.0025) | (0.0025) |
| 企业规模 | | 0.0045** | 0.0041* | 0.0039* |
| | | (0.0015) | (0.0018) | (0.0018) |
| 企业经营时间 | | 0.0051* | −0.0094 | −0.0103+ |
| | | (0.0025) | (0.0058) | (0.0060) |
| ROA | | 0.0212+ | 0.0089 | 0.0095 |
| | | (0.0117) | (0.0133) | (0.0132) |
| 市值账面比 | | 0.0012* | 0.0018** | 0.0018** |
| | | (0.0005) | (0.0006) | (0.0006) |

---

① 继 Marquis 和 Lee（2013）之后，我们也考虑了高级管理层和董事会对企业捐赠的作用。在一项未报告的分析中，我们还考虑了高级管理层和董事会对企业捐赠的作用。具体来说，我们对捐赠销售比与 CEO 海归董事这一虚拟变量以及董事会中非 CEO 海归董事的比例进行了回归，发现 CEO 海归董事与捐赠销售比有正向和显著的联系，此外，非 CEO 海归董事也推动了企业捐赠的增长。

|  | 因变量：行业一年调整后的捐赠销售比 | | | |
| --- | --- | --- | --- | --- |
|  | OLS | | 2SLS | |
|  | (1) | (2) | (3) | (4) |
| 杠杆率 |  | −0.0049 | −0.0089 | −0.0084 |
|  |  | (0.0053) | (0.0061) | (0.0062) |
| 自由现金流 |  | −0.0018 | −0.0042 | −0.0052 |
|  |  | (0.0047) | (0.0049) | (0.0049) |
| 女性董事 |  | 0.0158 | 0.0189$^+$ | 0.0178 |
|  |  | (0.0096) | (0.0113) | (0.0115) |
| 董事年龄 |  | −0.0001 | 0.0004 | 0.0005 |
|  |  | (0.0003) | (0.0004) | (0.0004) |
| 董事任期 |  | −0.0014$^+$ | −0.0005 | −0.0007 |
|  |  | (0.0008) | (0.0009) | (0.0009) |
| 内部董事 |  | 0.0025 | 0.0159$^*$ | 0.0163$^*$ |
|  |  | (0.0041) | (0.0068) | (0.0068) |
| Partial $R$-squared |  |  | 0.006 | 0.005 |
| Cragg-Donald Wald $F$ statistic |  |  | 26.210 | 22.058 |
| 5% maximal IV relative bias |  |  | 16.85 | 16.85 |
| 10% maximal IV relative bias |  |  | 10.27 | 10.27 |
| # of observations | 19750 | 19110 | 18860 | 18860 |
| # of firms | 2461 | 2397 | 2240 | 2240 |
| $R$-squared$^{\wedge}$ | 0.360 | 0.357 | N/A | N/A |
| 公司固定效应 | Yes | Yes | Yes | Yes |

注：$^+$ $p<0.10$；$^*$ $p<0.05$；$^{**}$ $p<0.01$；$^{***}$ $p<0.001$（本章以下各表相同）。

自变量是在公司年度层面上衡量的，括号里显示的是公司层面上的标准误差。所有模型都包括一个常数，其系数没有报告。

$^{\wedge}$ Wooldridge 在 1996 年出版的 *Introductory Econometrics*: *A Modern Approach* 一书中写道："与 OLS 不同，IV 估计的 $R^2$ 可能是负的，因为 IV 的 SSR 实际上可能比 SST 大。虽然报告 IV 估计的 $R^2$ 并无大碍，但也不是很有用"。所以，此后 IV 回归中的负 $R^2$ 是没有意义的。我们用 N/A 来代替第二阶段中的负 $R^2$。

然后，我们讨论了海归董事接触国外慈善捐赠相关做法和价值观的效果。表 1-2 第 4 列报告了来自高捐赠国家的海归董事对捐赠销售比影响的 2SLS 回归结果，① 表明存在显著的正向影响。这些结果与 H1 是一致的，在统计上也

---

① 我们使用与表 1-2 第 3 列相同的识别策略。我们之所以这样做，是因为我们的工具能够显著解释来自高捐赠国家的海归董事，而不是来自低捐赠国家的海归董事。

是显著的。① 根据第 4 列的结果，来自高捐赠国家的海归董事每增加一个标准差，捐赠销售比就会增加 0.15 个标准差。这一效应意味着，对于一般企业来说，增加一名来自高捐赠国的海归董事，每年可导致捐赠费用增加约 228 万元人民币（按 2012 年汇率计算为 36 万美元）。相比之下，来自低捐赠国家的海归董事的捐赠销售比为正，但在统计上并不显著，检验高捐赠国家海归董事与低捐赠国家海归董事的系数差异的 Wald 统计量为 7.39，表明系数之间存在明显差异。

总的来说，这些结果支持 H1，即当有相关经历的海归董事增加时，企业会增加捐赠。

此外，来自高捐赠国家的海归董事的影响比来自高捐赠国家的外国董事的影响更大，系数之间的 Wald 检验统计量为 8.20，表明两者之间存在着显著差异。事实上，在第 4 列中，来自高捐赠国家的外国董事对捐赠销售比的影响明显为负，这与来自高捐赠国家的海归董事的影响相反。虽然我们的理论只是预测外国董事没有足够的嵌入性来单独推动企业捐赠，但这一发现表明，来自高捐赠国家的外国董事的存在可能会产生反作用，减少企业捐赠的机会。如上所述，来自高捐赠国家的外国董事试图自己推动企业捐赠，这可能会强化企业捐赠是一个外国概念的看法（Yin and Zhang，2012）。来自高捐赠国家的外国董事的消极影响有力地支持了只有海归董事才是良好的制度载体的观点，这也与 H1 一致。

我们还发现，女性董事比例较高的公司捐赠更多，这证实了 Marquis 和 Lee（2013）的结果。另外，企业随着规模的扩大和价值的提高，捐赠也增加。

**（二）接触程度的调节作用**

接下来，我们将探讨接触程度的调节作用（H2a，H2b，H2c）。表 1-3 第 1 列报告了行业中位数调整后的企业捐赠销售比对来自高捐赠国家的海归董事的平均海外停留时间的回归结果，发现结果并不显著。第 2 列报告了高捐赠国家海归董事平均海外时间的平方项，并且对主项和平方项都进行了工具化。我们发现了一个正的和略微显著的主效应，这与 H2a 一致，以及一个负的和略微

---

① Cragg-Donald Wald $F$ 统计量为 22.058，表明政策变化虚拟变量以及政策变化与反映所有制的变量的交互作用是强有力的工具变量。

显著的平方项,表明在国外停留的时间增加了海归董事获得正确接触的机会,但这种效应是非线性的,在最初几年后逐渐消失。这一非线性结果与以下观点相一致:短期过渡期是个人最敏感的时期(Marquis and Tilcsik,2013),仅仅是这段时间的接触就足以改变个人习以为常的信念(Berger and Luckmann,1966)。

表1-3 接触程度的影响(H2a,H2b,H2c)

| | 因变量:行业一年调整后的捐赠销售比 | | | |
|---|---|---|---|---|
| | (1) 海外停留时间 | (2) 海外停留时间 | (3) 与外国董事结盟 | (4) 人均GDP |
| 来自高捐赠国家的海归董事平均海外经历时长 | 0.0004 (0.0070) | 0.0120$^+$ (0.0062) | | |
| 来自高捐赠国家的海归董事平均海外经历时长的平方 | | $-$0.0009$^+$ (0.0005) | | |
| 来自高捐赠国家的海归董事 | | | 0.3730$^{**}$ (0.1304) | 0.4733$^{**}$ (0.1779) |
| 来自高捐赠国家的海归董事 * 来自高捐赠国家的外国董事 | | | $-$0.2505 (3.0643) | 1.6119$^*$ (0.7344) |
| 来自高捐赠国家的海归董事 * 人均GDP | | | | $-$0.0039$^*$ (0.0018) |
| 人均GDP | | | | 0.0003 (0.0002) |
| 来自低捐赠国家的海归董事 | 0.0212 (0.0188) | 0.0056 (0.0201) | 0.0342 (0.0241) | 0.0302 (0.0236) |
| 来自高捐赠国家的外国董事 | $-$0.0193 (0.1212) | $-$0.0387 (0.0675) | $-$0.2483 (0.6304) | $-$0.2237$^+$ (0.1195) |
| 来自低捐赠国家的外国董事 | 0.0280 (0.1032) | 0.0257 (0.0542) | $-$0.1698$^+$ (0.0879) | $-$0.1278 (0.0935) |
| Partial $R$-squared | 0.002 | 0.020 | 0.006 | 0.016 |
| Cragg-Donald Wald $F$ statistic | 8.490 | 31.972 | 12.495 | 13.927 |
| 5% maximal IV relative bias | 16.85 | 17.70 | 17.70 | 17.70 |
| 10% maximal IV relative bias | 10.27 | 10.22 | 10.22 | 10.22 |
| # of observations | 18860 | 18860 | 18860 | 18860 |
| # of firms | 2240 | 2240 | 2240 | 2240 |
| Controls | Yes | Yes | Yes | Yes |
| 公司固定效应 | Yes | Yes | Yes | Yes |

注:自变量是在公司年度层面上衡量的,采用2SLS估计。括号内为公司层面的标准误差。所有模型都包括一个常数,其系数没有报告。

除了依靠自己的接触和嵌入来进行变革外,海归董事还可以通过与其他董事结成联盟来汇集想法或产生影响。正如H2b所假设的那样,这样的联盟可能是与具有相关经验的外国董事组成的。表 1-3 的第 3 列估计了捐赠销售比对来自高捐赠国家的海归董事的 2SLS 回归，以及来自高捐赠国家的海归董事与来自高捐赠国家的外国董事之间的交互作用。我们发现交互项上没有明显的系数，因此 H2b 不被支持。然后，我们验证了 H2c，第 4 列估计了一个回归，在这个回归中，我们将来自高捐赠国家的海归董事与省级经济发展条件（以当地人均 GDP 衡量）进行交互。①我们发现交互项的系数是负的，并且显著，这意味着来自高捐赠国家的海归董事的公司在较贫困和经济欠发达的省份更多地促进了企业社会捐赠。这一结果支持了 H2c，即本地更需要变化时，海归董事能更好地促进当地的制度转向。

### （三）嵌入程度的调节作用

我们进一步探讨了焦点机构的嵌入程度的调节作用（H3a，H3b，H3c）。表 1-4 第 1 列报告了行业中位数调整后的企业捐赠销售比对组织间嵌入程度的回归结果，发现来自高捐赠国家的海归董事与来自高捐赠国家并在多个董事会任职的海归董事之间存在正向和显著的互动关系。② 这些结果表明，当海归董事相对熟悉当地环境时，他们更有可能推动企业的捐赠，这与 H3a 的逻辑是一致的。海归董事也可能与当地的董事结盟。第 2 列估计了一个回归，在这个回归中，我们将来自高捐赠国家的海归董事与有政治关系的当地董事交互，发现变量的系数为正且略微显著，表明当回国人员与有政治关系的当地董事结盟时，企业的捐赠更多，这与 H3b 一致，并部分支持 H3b。③

---

① 我们还用人均收入作为省级发展的指标来重复这一分析，结果是稳健的。

② 在一个未报告的稳健性分析中，我们对不同的组织间嵌入性进行了 OLS 回归，发现捐赠销售比与来自高捐赠国家并在多个董事会任职的海归董事显著正相关，但与来自高捐赠国家并在单一董事会任职的海归董事不相关，这两个系数的差异在统计学上是不同的，为 H3a 提供了额外支持。我们无法对这一回归进行 2SLS 分析，因为我们无法对来自高捐赠国家并在多个董事会任职的海归董事和来自高捐赠国家并在单一董事会任职的海归董事进行单独和同步的分析。

③ 我们还将女性董事作为董事会中的另一个潜在合作伙伴进行研究，因为女性董事的主效应略微显著，而且文献证据表明，女性董事更有可能从事慈善活动（Marquis and Lee, 2013），并对不道德的行为进行更强烈的惩罚（Kennedy, McDonnell and Stephens, 2016）。从经验上看，我们没有发现支持女性董事或女性海归董事作为企业捐赠的潜在合作伙伴的作用。

表 1-4 嵌入程度的影响（H3a，H3b，H3c）

| | 因变量：行业一年调整后的捐赠销售比 | | |
|---|---|---|---|
| | （1） | （2） | （3） |
| | 在多个董事会任职的海归董事 | 与有政治关系的本地董事结盟 | 2008 年之后 |
| 来自高捐赠国家的海归董事 | 0.4733** | 0.3560** | 0.3270** |
| | (0.1779) | (0.1114) | (0.1256) |
| 来自高捐赠国家的海归董事 * 来自高捐赠国家且在多个董事会任职的海归董事 | 1.6119* | | |
| | (0.7344) | | |
| 来自高捐赠国家且在多个董事会任职的海归董事 | −0.7385** | | |
| | (0.2697) | | |
| 来自高捐赠国家的海归董事 * 有政治关系的本地董事 | | 0.9286+ | |
| | | (0.5481) | |
| 有政治联系的本地董事 | | −0.0262 | |
| | | (0.0487) | |
| 来自高捐赠国家的海归董事 * 2008 年之后 | | | −0.1535+ |
| | | | (0.0827) |
| 2008 年之后 | | | 0.0056 |
| | | | (0.0084) |
| 来自低捐赠国家的海归董事 | 0.0440 | 0.0370+ | 0.0333 |
| | (0.0291) | (0.0192) | (0.0218) |
| 来自高捐赠国家的外国董事 | −0.4109** | −0.3139** | −0.1654 |
| | (0.1575) | (0.1012) | (0.1240) |
| 来自低捐赠国家的外国董事 | −0.2313+ | −0.1881* | −0.1054 |
| | (0.1201) | (0.0839) | (0.0894) |
| Partial R-squared | 0.005 | 0.006 | 0.008 |
| Cragg-Donald Wald F statistic | 9.080 | 11.013 | 13.387 |
| 5% maximal IV relative bias | 15.18 | 17.70 | 17.70 |
| 10% maximal IV relative bias | 9.01 | 10.22 | 10.22 |
| # of observations | 18860 | 18860 | 18860 |
| # of firms | 2240 | 2240 | 2240 |
| Controls | Yes | Yes | Yes |
| 公司固定效应 | Yes | Yes | Yes |

注：自变量是在公司年度层面上衡量的，采用 2SLS 估计。括号内为公司层面的标准差。所有模型都包括一个常数，其系数没有报告。

在第 3 列中，我们将海归董事与 2008 年后的指标变量交互，发现系数为负且略微显著，这意味着 2008 年后海归董事在增加企业捐赠方面的作用可能不那么明显。这一结果为 H3c 提供了部分支持，表明随着企业捐赠行为的制度化，海归董事作为制度载体的作用会越来越弱。我们将在下一节详细探讨这个结果。表1-4的结果为嵌入的重要性提供了强有力的支持，表明当海归董事本身嵌入焦点环境并与强嵌入的行动者合作时，以及在更需要嵌入性的环境中，他们更有能力推动机构变革。

(四) 补充分析

(1) 外国董事的调节作用

到目前为止，我们还没有发现来自高捐赠国家的外国董事是海归董事追求企业捐赠的有效伙伴这一观点的支持依据。这可能是由于对外国董事的群体外偏见（Westphal and Zajac, 1995; Westphal and Milton, 2000）太大了，以至于他们不能成为海归董事的良好合作伙伴；也可能是由于外国董事没有认识到需要与海归董事合作，以克服他们缺乏嵌入性的问题，他们甚至可能反感海归董事推广被外国董事视为来自其本国机构的想法。

为了探索这种可能性，我们考虑了外国董事在中国环境中的相对经验的异质性，我们将已经在董事会工作一段时间的来自高捐赠国家的外国董事即长期外国董事与来自类似国家的其他外国董事区分开来，前者已经在中国公司担任了一段时间的董事（因此可能已经获得了足够的经验，对环境有了充分的了解）。我们认为，这样的长期外国董事可能已经充分克服了组织对外来人员的偏见，从而成为海归董事的有效合作伙伴，也可能更了解在中国环境中运作的挑战，因此与海归人员建立联盟的价值更大。我们将来自高捐赠国家的长期外国董事定义为在中国上市公司董事会任职超过一年的外国董事人数除以来自高捐赠国家的外国董事人数。①

表1-5的第3列显示，来自高捐赠国家的海归董事与来自高捐赠国家的长期外国董事之间的交互系数为正值，表明这部分外国董事虽然无法独自推动变革，但可能会与海归董事合作，实施变革。这一发现为H2b提供了部分支持，表明其中一些外国董事是有效的制度载体。

同时，我们没有看到来自高捐赠国家的长期外国董事独自推动企业捐赠的证据（表1-5第2列）。这支持了这样一个观点：外国董事，即使是那些在中国有较多工作经验的董事，也可能没有足够的嵌入性来自行实施变革。这

---

① 在我们的样本中，大多数来自高捐赠国家的外国董事在这个位置上的时间不超过两年。因此，我们选择一年作为合理的分界点。

一结果表明，嵌入性可能需要的不仅仅是在环境中的经验；有一些行动者从根本上被视为制度环境中的局外人，而只有那些可能被视为局内人的行动者（如海归人才）才能成功地充当制度载体。这一发现进一步支持了外围影响悖论这一观点。

表 1-5 补充分析外国董事的调节作用

|  | 因变量：行业一年调整后的捐赠销售比 | | |
| --- | --- | --- | --- |
|  | （1） | （2） | （3） |
| 来自高捐赠国家的海归董事 | 0.3730** | 0.4363** | 0.4305** |
|  | (0.1304) | (0.1517) | (0.1445) |
| 来自高捐赠国家的外国董事 | −0.2483 | −0.3277* | −0.3195* |
|  | (0.6304) | (0.1337) | (0.1253) |
| 来自高捐赠国家的海归董事 * 来自高捐赠国家的外国董事 | −0.2505 |  |  |
|  | (3.0643) |  |  |
| 来自高捐赠国家的长期外国董事 |  | 0.0052 | −0.0346 |
|  |  | (0.0079) | (0.0216) |
| 来自高捐赠国家的海归董事 * 来自高捐赠国家的长期外国董事 |  |  | 0.1529* |
|  |  |  | (0.0725) |
| 来自低捐赠国家的海归董事 | 0.0342 | 0.0365 | 0.0360 |
|  | (0.0241) | (0.0267) | (0.0260) |
| 来自低捐赠国家的外国董事 | −0.1698+ | −0.1698+ | −0.1903* |
|  | (0.0879) | (0.1076) | (0.0970) |
| Partial $R$-squared | 0.006 | 0.005 | 0.006 |
| Cragg-Donald Wald $F$ statistic | 12.495 | 22.039 | 12.011 |
| 5% maximal IV relative bias | 17.70 | 16.85 | 17.70 |
| 10% maximal IV relative bias | 10.22 | 10.27 | 10.22 |
| # of observations | 18860 | 18860 | 18860 |
| # of firms | 2240 | 2240 | 2240 |
| Controls | Yes | Yes | Yes |
| 企业固定效应 | Yes | Yes | Yes |

注：自变量是在公司年度层面上衡量的，采用2SLS估计。括号内为公司层面的标准差。所有模型都包括一个常数，其系数没有报告。

（2）缺少制度化

到目前为止，我们用2008年之后这一虚拟变量作为衡量中国企业捐赠实践缺乏制度化的标准。对这一衡量标准的担忧是，任何在后一时期发生的系统性变化都可能推动这一效应，因此，我们可能没有衡量出制度化。为了解决这个问题，我们深入研究了两个不同的、同样合理的制度化驱动因素——政府压力和捐赠的规范性压力，并构建更加宏观的制度化衡量标准来进一步检验。

我们首先考察政府的压力，使用省内 CSR 报告的普遍性作为指标（Marquis and Qian，2014；Luo，Wang and Zhang，2017）。我们从关键定量指标（Material and Quantitative Indicators）数据库中收集 CSR 报告的数据，并将各省份分为 CSR 报告高于中位数和低于中位数两种。表 1-6 的第 1 列和第 2 列显示，对于 CSR 报告低于中位数的省份，来自高捐赠国家的海归董事对捐赠有显著影响，分割样本之间的系数差异具有统计学意义（单尾 $p$ 值为 0.048）。除了省际差异外，我们还利用公司所在行业的捐赠额来探索制度化的行业间差异（Marquis and Tilcsik，2016）。在表 1-6 的第 3 列和第 4 列中，我们将行业分为捐款高于中位数的行业和捐款低于中位数的行业，发现来自高

表 1-6　对缺少制度化的修正

|  | 因变量：行业一年调整后的捐赠销售比 | | | |
| --- | --- | --- | --- | --- |
|  | （1） | （2） | （3） | （4） |
|  | 高 CSR 报告省份的子样本 | 低 CSR 报告省份的子样本 | 高捐赠行业的子样本 | 低捐赠行业的子样本 |
| 来自高捐赠国家的海归董事 | 0.1237 | 0.5334** | 0.2442 | 0.6439* |
|  | (0.2828) | (0.1789) | (0.2067) | (0.2518) |
| 来自低捐赠国家的海归董事 | 0.0247 | 0.0310 | 0.0407 | −0.0038 |
|  | (0.0552) | (0.0385) | (0.0345) | (0.0363) |
| 来自高捐赠国家的外国董事 | −0.1452 | −0.4528* | −0.0437 | −0.5945** |
|  | (0.1470) | (0.2259) | (0.2250) | (0.2143) |
| 来自低捐赠国家的外国董事 | −0.0438 | −0.2701 | −0.0381 | −0.4537* |
|  | (0.1331) | (0.1650) | (0.1415) | (0.2062) |
| Partial $R$-squared | 0.003 | 0.007 | 0.005 | 0.006 |
| Cragg-Donald Wald $F$ statistic | 3.749 | 18.896 | 10.798 | 9.151 |
| 5% maximal IV relative bias | 16.85 | 16.85 | 16.85 | 16.85 |
| 10% maximal IV relative bias | 10.27 | 10.27 | 10.27 | 10.27 |
| # of observations | 6121 | 12385 | 10101 | 8410 |
| # of firms | 1153 | 1594 | 1595 | 1789 |
| Controls | Yes | Yes | Yes | Yes |
| 企业固定效应 | Yes | Yes | Yes | Yes |

注：自变量是在公司年度层面上衡量的，采用 2SLS 估计。括号内为公司层面的标准误差。所有模型都包括一个常数，其系数没有报告。

捐赠国家的海归董事对低捐赠行业子样本的捐赠有明显的影响，不同样本之间的系数差异具有统计学意义（单尾 $p$ 值为 0.040）。这些为 H3c 提供了额外支持。

## 五、稳健性检验

我们通过以下方式检验表 1-2 中分析的稳健性：首先，我们排除从未雇用过海归董事的公司，以应对控制组中的公司可能无法或不愿意雇用此类董事的担忧。我们将样本限制为在样本期间最终雇用了至少一名海归董事的公司，并使用相同的 IV 方法重新估计我们的基线回归，结果见表 1-7 面板 A 第 1 列。其次，我们排除了 2000 年以前采取吸引海归人才政策的省份的企业，在第 2 列重新估计了我们的统计模型，结果显示，来自高捐赠国家的海归董事仍然与捐赠销售比正相关。最后，为了控制企业掉入和掉出样本的可能性，我们使用了一个平衡面板，其中包含 2000 年至 2012 年公开交易的公司，并在第 3 列中发现了一致的结果。

表 1-7 面板 B 报告了替代变量或模型的稳健性。为了保证模型的稳健性，我们构建了经过省份和行业中位数调整的捐赠销售比，以控制未观察到的省份层面的冲击导致海归董事和捐赠增加的可能性，所得结果仍与前述结果一致。用另一种衡量捐赠的方法，即捐赠利润比进行回归也证实了前述主要结果。接下来，我们控制了滞后捐赠（Tang et al., 2015），并得出类似的结果。此外，由于人们担心新的董事会成员不太可能立即产生影响，第 4 列中对滞后一年的来自高捐赠国家的海归董事作为自变量的模型进行验证，结果一致。考虑到海归董事可能纯粹是为了追求公司的税收利益（Clotfelter, 2007），我们计算了公司年度层面的税率，然后在第 5 列估计了一个包括有效税率和来自高捐赠国家的海归董事之间相互作用的模型。我们没有发现任何证据表明海归董事和捐赠之间的关系随税收负担而变化。如前所述，我们使用中国证监会官方行业分类中的两位数行业代码来定义行业。我们的结果在使用三位数行业代码（包含 79 个行业类别）或不对行业特定趋势进行调整的情况下是稳健的，见第 6 列和第 7 列；同时，我们的结果在使用高捐赠国家的替代措施的情况下也是稳健的，特别是使用国家权力距离和个人主义措施的情况下（Ioannou and Serafeim, 2012），见第 8 列和第 9 列。

表 1-7 主要结果的稳健性检验

面板 A：调整数据集后的稳健性
因变量：调整后的捐赠销售比

| | (1)<br>剔除没有雇用海归董事的公司 | (2)<br>排除 2000 年以前采取吸引海归政策的省份的企业 | (3)<br>平衡面板 |
|---|---|---|---|
| 来自高捐赠国家的海归董事 | 0.3533** | 0.4334*** | 0.3831* |
| | (0.1186) | (0.1147) | (0.1660) |
| 来自低捐赠国家的海归董事 | 0.0351 | −0.0053 | −0.0043 |
| | (0.0241) | (0.0238) | (0.0287) |
| Partial R-squared | 0.007 | 0.011 | 0.009 |
| Cragg-Donald Wald F statistic | 23.873 | 35.715 | 19.351 |
| 5% maximal IV relative bias | 16.85 | 16.85 | 16.85 |
| 10% maximal IV relative bias | 10.27 | 10.27 | 10.27 |
| # of observations | 15406 | 14406 | 16322 |
| # of firms | 1782 | 1674 | 1962 |
| Controls | Yes | Yes | Yes |
| 企业固定效应 | Yes | Yes | Yes |

面板 B：调整变量定义与模型后的稳健性

因变量：调整后的捐赠销售比

| | (1) 省内检测 | (2) 捐赠利润比 | (3) 滞后捐赠销售比 | (4) 滞后因变量 | (5) 税收负担 | (6) 三位数行业分类 | (7) 无行业调整 | (8) 权力距离 | (9) 个人主义 |
|---|---|---|---|---|---|---|---|---|---|
| 来自高捐赠国家的海归董事 | 0.3347* | 0.0720** | 0.3791* | | 0.4489** | 0.4453** | 0.6328*** | | |
| | (0.1399) | (0.0243) | (0.1795) | | (0.1584) | (0.1523) | (0.1807) | | |
| 来自低捐赠国家的海归董事 | 0.0316 | 0.0037 | 0.0455 | | 0.0428 | 0.0382 | 0.0434 | | |
| | (0.0238) | (0.0045) | (0.0288) | | (0.0300) | (0.0275) | (0.0338) | | |
| 滞后的捐赠销售比 | | | 0.0194 | | | | | | |
| | | | (0.0201) | | | | | | |
| 来自高捐赠国家的海归董事 * 有效税率 | | | | 0.3869* | 0.0016 | | | | |
| | | | | (0.1920) | (0.0926) | | | | |
| 有效税率 | | | | | −0.0046 | | | | |
| | | | | | (0.0078) | | | | |
| 来自低权力距离国家的海归董事 | | | | | | | | 0.4327** | 0.0191 |
| | | | | | | | | (0.1639) | (0.0190) |
| 来自高权力距离国家的海归董事 | | | | | | | | | |

（续表）

(续表)

| | (1) 省内检测 | (2) 捐赠利润比 | (3) 滞后捐赠销售比 | (4) 滞后因变量 | (5) 税收负担 | (6) 三位数行业分类 | (7) 无行业调整 | (8) 权力距离 | (9) 个人主义 |
|---|---|---|---|---|---|---|---|---|---|
| 来自高个人主义国家的海归董事 | | | | | | | | | 0.5417** |
| | | | | | | | | | (0.1899) |
| 来自低个人主义国家的海归董事 | | | | | | | | | 0.0104 |
| | | | | | | | | | (0.0154) |
| Partial $R$-squared | 0.005 | 0.005 | 0.004 | 0.003 | 0.006 | 0.005 | 0.005 | 0.006 | 0.005 |
| Cragg-Donald Wald $F$ statistic | 22.058 | 21.943 | 15.305 | 11.891 | 10.565 | 22.058 | 22.058 | 23.360 | 19.906 |
| 5% maximal IV relative bias | 16.85 | 16.85 | 16.85 | 16.85 | 17.70 | 16.85 | 16.85 | 16.85 | 16.85 |
| 10% maximal IV relative bias | 10.27 | 10.27 | 10.27 | 10.27 | 10.22 | 10.27 | 10.27 | 10.27 | 10.27 |
| # of observations | 18860 | 18900 | 16322 | 16349 | 17606 | 18860 | 18860 | 18860 | 18860 |
| # of firms | 2240 | 2240 | 1962 | 1962 | 2239 | 2240 | 2240 | 2240 | 2240 |
| Controls | Yes | Yes | Yes | Yes | Yes | Yes | Yes | Yes | Yes |
| 企业固定效应 | Yes | Yes | Yes | Yes | Yes | Yes | Yes | Yes | Yes |

注：自变量是在公司年度层面上衡量的，采用 2SLS 估计。括号内为公司层面的标准误差。所有模型都包括一个常数，其系数没有报告。

一个潜在的替代解释是，政策变化吸引了特定类型的海归董事，如拥有学术背景的海归董事，而这种专业背景是产生结果的原因。为了解决这个问题，我们将拥有博士学位或博士后经历的海归董事视为拥有科学或学术背景海归董事的代表，并考察了这些董事对公司捐赠的影响。我们发现这一影响在是否存在科学或学术背景方面没有明显的差异。

## 六、结　　论

我们探讨了代理人的某些特点，这些特点使他们能够成功将换位作为一种制度变革的机制。为了研究这个问题，我们利用了中国的一个自然实验。在 2000 年至 2012 年的不同时期，中国推出了吸引海归人员的省级政策，这对海归董事的供应起到了外生冲击作用。使用这些政策变化作为工具，我们的研究表明，海归董事推动了企业捐赠的增加。有相关经历的海归董事的影响比本地董事、没有相关经历的海归董事和有类似经历的外国董事的影响更大。这一结果对各种不同的衡量标准、规格和子样本都很稳健。

对机制的进一步探索表明，这种主要效应受到行动者对海外国家的接触水平的调节，尤其是行动者、合作伙伴和领域层面的接触水平。对于接触高捐赠背景时间较长的海归董事来说，这种效应明显更强（尽管这种效应是非线性的），而且在有与海归董事同样接触高捐赠背景的外国董事的情况下，这种效应更强，只要这些外国董事对中国有足够的接触，他们就可以发挥作用。在经济欠发达的省份，这种效应也更强，因为那里更需要海归董事提供新想法。同时，这种主要效应也受到嵌入程度的影响，在行动者、合作伙伴和领域层面也是如此。对于那些与当地董事会有联系的、高度嵌入当地环境的海归董事来说，这种效应明显更强，而对于那些有政治关系的、有动力与海归董事合作解决社会问题的本地董事来说，这种效应则略强。

本章研究有以下几个贡献：首先，我们对作为制度变革机制的换位进行了新的阐释，强调了使行动者能够成功进行换位的特征。为了回应通过"更多的实证研究……巩固或改进我们对换位的创新描述"（Boxenbaum and Battilana, 2005）的呼吁，我们更深入地研究了使一些行动者能够跨机构进行换位的因素。为了成功地移植机构理念，行动者不仅需要充分接触其他机构，以便能够构想出与原有机构不同的愿景，而且还需要充分嵌入原机构中，以便将该愿景付诸实践。之前关于机构创业的研究主要集中在机构创业者构想出不同于他们所处机构的其他制度安排的能力上，而我们的研究表明，还有一种能力也很重要，即将变革付诸实施的能力。在此过程中，我们还引入外围影响悖论，以补充嵌入代理悖论。意识到成功的机构变革需要解决这两个悖论，这不仅对理解机构的换位很重要，而且对研究机构变革中可能存在的各种其他方式也很重要（Padgett and Powell, 2012）。

其次，我们通过研究行动者接触替代性制度的异质性和在焦点机构中的嵌入性，以及调节换位的条件，来探索影响成功换位的两种机制。我们之所以能够做到这一点，正是因为我们的研究是对变量的大样本进行实证分析（Van de Ven, 2007），从而补充了先前关于制度移植的工作，即仅仅使用基于案例的分析来研究移植的过程（Zilber, 2002; Boxenbaum and Battilana, 2005; Tilcsik, 2010）。此外，我们使用一个外生的政策变化变量，使我们能够更好地确定这些行动者层面因素的影响。

再次，我们将与企业社会责任相关的上层和高管特质的研究以及企业社会责任的机构驱动因素的研究联系起来。尽管此前的文献已经发现个人在引领企业参与社会空间方面发挥了关键作用（Chin et al., 2013; Tang et al., 2015; Gupta, Briscoe and Hambrick, 2017），但这些个人是如何达成对企业社会责任的更强烈偏好的问题仍然存在。我们为个人成为企业社会责任代理人的不同倾向提供了制度上的解释。

与印记相关研究（Stinchcombe, 1965; Marquis, 2003; Burton and Beckman, 2007; Marquis and Tilcsik, 2013）中一个较大的主题相呼应，我们认为早期在具有优秀企业社会责任文化的国家学习或工作的经历可能会给中国的部分高管留下微妙的印记，这些印记可能会产生持久的影响。因此，我们通过进一步解释外部制度因素对董事会决策的影响机制，推动对企业社会责任前因的研究，以及对公司治理的研究。

最后，我们探讨了移民现象，特别是强调了反向移民的作用。尽管本章以中国为背景，但反向移民在许多国家都是一种普遍现象，我们的研究表明，反向移民在充当机构的革新者时可能具有独特的优势。因此，我们补充了大量的文献，这些文献认为跨国开放有助于制度变革（Guillén, 2001），包括建立政府间组织（Rangan and Sengul, 2009; Torfason and Ingram, 2010;

Guillén and Capron，2016)、贸易条约的影响（Meyer et al.，1997；Henisz，Zelner and Guillén，2005；Dobbin，Simmons and Garrett，2007），以及跨国公司的作用（Guler，Guillén and Macpherson，2002；Davis，Whitman and Zald，2006；Jeong and Weiner，2012)。我们对这些可能在国家间、国家和组织层面推动制度变革的外部影响的广泛研究进行了补充，表明从一个地方移动到另一个地方的个人行动者可能创造出替代性的联系，通过这种联系，一个制度环境能够影响到另一个制度环境。

这样一来，我们对近年关于海归人员在全球化时代对企业的影响的研究进行了补充（Li et al.，2012；Obukhova，2012；Wang，2015；Choudhury，2016)。我们在理论和经验上证明海归人员作为制度载体的作用，并强调他们有能力促进国内企业社会行动的发展。虽然我们关注的是中国的企业捐赠，但海归人员作为机构变革的推动者这一观点可以被推广到其他新兴市场和其他社会现象当中。进一步的研究可以继续探索行动者、合作伙伴和领域层面的变化，这些变化使海归人员成为制度理念的有效载体；还可以进一步探索政治关系的调节作用，区分不同类型的政治关系（Zhang，Marquis and Qiao，2016)，并关注有政治关系的行动者本身的印记（Marquis and Qiao，2020；Wang，Du and Marquis，2019）。

鉴于我们所采用的大样本及性质，我们无法精确地研究影响的微观过程，我们不知道海归董事如何适应董事会有关的做法（Marquis，Yin and Yang，2017），他们如何在董事会中赢得支持，以及他们向影响者和阻力者提出什么论点。我们也无法研究这些个人行动者的集体行动（Galaskiewicz，1985；King and Soule，2007；Fligstein and McAdam，2012），尽管我们关于海归董事和其他董事之间联盟的研究暗示了这种变化的集体性质。与此相关的是，虽然我们对嵌入性进行了论证，但我们无法从经验上观察海归人员与谁结盟以及他们有哪些具体的联系。另一个不足之处是，虽然我们能够解释海归董事存在的内生性，但我们不能完全排除这样的可能性，即那些对慈善事业有更积极倾向的个人可能更愿意选择出国，从而成为海归人士。这种可能性不大，因为对目的地国家的选择主要是由经济和教育机会而不是文化因素驱动的，省级政策的目标是促进创业，而不是吸引海归人员处理社会问题，而且我们没有发现人们因为文化问题而选择一个国家的一致模式。① 进一步探索影响的微观过程,捐赠实践如何被争论、适应、动员或不同程度上融合,以及海归人员原有的价值观和嵌入的性质,将是必要的和宝贵的。

#  参考文献

[1] 中华人民共和国国家统计局:《中国统计年鉴2013》,中国统计出版社2013年版。

[2] Aguilera R V, Rupp D E, Williams C A, et al. Putting the S back in Corporate Social Responsibility: A Multilevel Theory of Social Change in Organizations [J]. *Academy of Management Review*, 2007, 32 (3).

[3] Ahmed B, Robinson J G. Estimates of Emigration of the Foreign-born Population: 1980-1990 [C]. Population Estimates and Projections Technical Working Paper Series, 1994, (9).

[4] Alba R, Nee V. *Remaking the American Mainstream: Assimilation and Contemporary Immigration* [M]. Boston: Harvard University Press, 2003.

[5] Almandoz J. Founding Teams as Carriers of Competing Logics: When Institutional Forces Predict Banks' Risk Exposure [J]. *Administrative Science Quarterly*, 2014, 59 (3).

[6] Angrist J D, Pischke J S. *Mostly Harmless Econometrics: An Empiricist's Companion* [M]. Princeton: Princeton University Press, 2009.

[7] Ballesteros L, Useem M, Wry T. Masters of Disasters?: An Empirical Analysis of How Societies Benefit from Corporate Disaster Aid [J]. *Academy of Management Journal*, 2017, 60 (5).

[8] Battilana J, Casciaro T. Change Agents, Networks, and Institutions: A Contingency Theory of Organizational Change [J]. *Academy of Management Journal*, 2012, 55 (2).

[9] Battilana J, Casciaro T. Overcoming Resistance to Organizational

---

① 具体来说,我们没有发现任何证据表明海归人员出国前的最后一个地点与目的地国家的WGI得分有显著的关系。

Change: Strong Ties and Affective Cooptation [J]. *Management Science*, 2013, 59 (4).

[10] Battilana J, Dorado S. Building Sustainable Hybrid Organizations: The Case of Commercial Microfinance Organizations [J]. *Academy of Management Journal*, 2010, 53 (6).

[11] Battilana J, Leca B, Boxenbaum E. How Actors Change Institutions: Towards a Theory of Institutional Entrepreneurship [J]. *The Academy of Management Annals*, 2009, 3 (1).

[12] Baum J A C, Oliver C. Institutional Linkages and Organizational Mortality [J]. *Administrative Science Quarterly*, 1991, 36 (2).

[13] Berger P L, Luckman T. *The Social Construction of Reality: A Treatise in the Sociology of Knowledge* [M]. Garden City, NY: Doubleday, 1966.

[14] Bermiss Y S, Greenbaum B E. Loyal to Whom?: The Effect of Relational Embeddedness and Managers' Mobility on Market Tie Dissolution [J]. *Administrative Science Quarterly*, 2016, 61 (2).

[15] Boxenbaum E, Battilana J. Importation as Innovation: Transposing Managerial Practices Across Fields [J]. *Strategic Organization*, 2005, 3 (4).

[16] Burton M D, Beckman C M. Leaving a Legacy: Position Imprints and Successor Turnover in Young Firms [J]. *American Sociological Review*, 2007, 72 (2).

[17] Campbell J L. *Institutional Change and Globalization* [M]. Princeton: Princeton University Press, 2004.

[18] Campbell J L. Why Would Corporations Behave in Socially Responsible Ways? An Institutional Theory of Corporate Social Responsibility [J]. *Academy of Management Review*, 2007, 32 (3).

[19] Chen Y, Li H, Zhou L A. Relative Performance Evaluation and the Turnover of Provincial Leaders in China [J]. *Economics Letters*, 2005, 88 (3).

[20] Chin M K, Hambrick D C, Treviño L K. Political Ideologies of

CEOs: The Influence of Executives' Values on Corporate Social Responsibility [J]. *Administrative Science Quarterly*, 2013, 58 (2).

[21] Choudhury P. Return Migration and Geography of Innovation in MNEs: A Natural Experiment of Knowledge Production by Local Workers Reporting to Return Migrants [J]. *Journal of Economic Geography*, 2016, 16 (3).

[22] Chung C N, Luo X. Human Agents, Contexts, and Institutional Change: The Decline of Family in the Leadership of Business Groups [J]. *Organization Science*, 2008, 19 (1).

[23] Clemens E S, Cook J M. Politics and Institutionalism: Explaining Durability and Change [J]. *Annual Review of Sociology*, 1999, 25 (1).

[24] Clotfelter C T. Federal *Tax Policy and Charitable Giving* [M]. Chicago: University of Chicago Press, 2007.

[25] Davis G F. Agents without Principles? The Spread of the Poison Pill Through the Intercorporate Network [J]. *Administrative Science Quarterly*, 1991.

[26] Davis G F, Whitman M V N, Zald M N. The Responsibility Paradox: Multinational Firms and Global Corporate Social Responsibility [D]. Ross School of Business, 2006.

[27] DiMaggio P. Interest and Agency in Institutional Theory. in L. Zucker (ed.). *Institutional Patterns and Organizations* [M]. Cambridge, MA: Ballinger, 1988.

[28] Dobbin F, Simmons B, Garrett G. The Global Diffusion of Public Policies: Social Construction, Coercion, Competition, or Learning? [J]. *Annual Review of Sociology*, 2007, 33.

[29] Dorado S. Institutional Entrepreneurship, Partaking, and Convening [J]. *Organization Studies*, 2005, 26 (3).

[30] Emirbayer M, Mische A. What is Agency? [J]. *American Journal of Sociology*, 1998, 103 (4).

[31] Firth M, Fung P M Y, Rui O M. Firm Performance, Governance Structure, and Top Management Turnover in a Transitional Economy [J].

*Journal of Management Studies*, 2006, 43 (6).

[32] Fligstein N. Social Skill and Institutional Theory [J]. *American Behavioral Scientist*, 1997, 40 (4).

[33] Fligstein N, McAdam D. *A Theory of Fields* [M]. Oxford: Oxford University Press, 2012.

[34] Galaskiewicz J. *Social Organization of an Urban Grants Economy: A Study of Corporate Contributions to Nonprofit Organizations* [M]. Pittsburgh: Academic Press, 1985.

[35] Giannetti M, Liao G, Yu X. The Brain Gain of Corporate Boards: Evidence from China [J]. *The Journal of Finance*, 2015, 70 (4).

[36] Gordon M M. *Assimilation in American Life: The Role of Race, Religion and National Origins* [M]. Oxford: Oxford University Press, 1964.

[37] Granovetter M. Economic Action and Social Structure: The Problem of Embeddedness [J]. *American Journal of Sociology*, 1985, 91 (3).

[38] Greenwood R, Suddaby R, Hinings C R. Theorizing Change: The Role of Professional Associations in the Transformation of Institutionalized Fields [J]. *Academy of Management Journal*, 2002, 45 (1).

[39] Guanmin L, Xin C, Xin J, et al. Policy Burdens, Firm Performance, and Management Turnover [J]. *China Economic Review*, 2009, 20 (1).

[40] Guarnizo L E, Portes A, Haller W. Assimilation and Transnationalism: Determinants of Transnational Political Action Among Contemporary Migrants [J]. *American Journal of Sociology*, 2003, 108 (6).

[41] Guillén M F. Is Globalization Civilizing, Destructive or Feeble?: A Critique of Five Key Debates in the Social Science Literature [J]. *Annual Review of Sociology*, 2001, (8).

[42] Guillén M F, Capron L. State Capacity, Minority Shareholder Protections, and Stock Market Development [J]. *Administrative Science Quarterly*, 2016, 61 (1).

[43] Guler I, Guillén M F, Macpherson J M. Global Competition, Insti-

tutions, and the Diffusion of Organizational Practices: The International Spread of ISO 9000 Quality Certificates [J]. *Administrative Science Quarterly*, 2002, 47 (2).

[44] Gupta A, Briscoe F, Hambrick D C. Red, Blue, and Purple Firms: Organizational Political Ideology and Corporate Social Responsibility [J]. *Strategic Management Journal*, 2017, 38 (5).

[45] Hambrick D C, Mason P A. Upper Echelons: The Organization as a Reflection of Its Top Managers [J]. *Academy of Management Review*, 1984, 9 (2).

[46] Hargadon A B, Douglas Y. When Innovations Meet Institutions: Edison and the Design of the Electric Light [J]. *Administrative Science Quarterly*, 2001, 46 (3).

[47] Haunschild P R. Interorganizational Imitation: The Impact of Interlocks on Corporate Acquisition Activity [J]. *Administrative Science Quarterly*, 1993, 38 (4).

[48] Haveman H A, Jia N, Shi J, et al. The Dynamics of Political Embeddedness in China: The Case of Publicly Listed Firms [J]. *Administrative Science Quarterly*, 2014, 25.

[49] Henisz W J, Zelner B A, Guillén M F. The Worldwide Diffusion of Market-oriented Infrastructure Reform, 1977-1999 [J]. *American Sociological Review*, 2005, 70 (6).

[50] Hernandez E. Finding a Home away from Home: Effects of Immigrants on Firms' Foreign Location Choice and Performance [J]. *Administrative Science Quarterly*, 2014, 59 (1).

[51] Hiatt S R, Sine W D, Tolbert P S. From Pabst to Pepsi: The Deinstitutionalization of Social Practices and the Creation of Entrepreneurial Opportunities [J]. *Administrative Science Quarterly*, 2009, 54 (4).

[52] Holm P. The Dynamics of Institutionalization: Transformation Processes in Norwegian Fisheries [J]. *Administrative Science Quarterly*, 1995, 40.

[53] Ingram P, Roberts P W. Friendships among Competitors in the

Sydney Hotel Industry [J]. *American Journal of Sociology*, 2000, 106 (2).

[54] Ioannou I, Serafeim G. What Drives Corporate Social Performance?: The Role of Nation-level Institutions [J]. *Journal of International Business Studies*, 2012, 43.

[55] Jeong Y, Weiner R J. Who Bribes?: Evidence from the United Nations' Oil-for-food Program [J]. *Strategic Management Journal*, 2012, 33 (12).

[56] Johnson V, Powell W W. Poisedness and Propagation: Organizational Emergence and the Transformation of Civic Order in 19th-century New York City [R]. National Bureau of Economic Research, 2015.

[57] Kanter R M. Some Effects of Proportions on Group Life: Skewed Sex Ratios and Responses to Token Women [J]. *American Journal of Sociology*, 1977, 82 (5).

[58] Kato T, Long C. CEO Turnover, Firm Performance, and Enterprise Reform in China: Evidence from Micro Data [J]. *Journal of Comparative Economics*, 2006, 34 (4).

[59] Kaul A, Luo J. An Economic Case for CSR: The Comparative Efficiency of For-profit Firms in Meeting Consumer Demand for Social Goods [J]. *Strategic Management Journal*, 2018, 39 (6).

[60] Kaul A, Wu B. A Capabilities-based Perspective on Target Selection in Acquisitions [J]. *Strategic Management Journal*, 2016, 37 (7).

[61] Kennedy J, McDonnell M H, Stephens N. Does Gender Raise the Ethical Bar? Exploring the Punishment of Ethical Violations at Work [J]. Working Paper, Northwestern University, 2016.

[62] King B G, Soule S A. Social Movements as Extra-institutional Entrepreneurs: The Effect of Protests on Stock Price Returns [J]. *Administrative Science Quarterly*, 2007, 52 (3).

[63] Knyazeva A, Knyazeva D, Masulis R W. The Supply of Corporate Directors and Board Independence [J]. *The Review of Financial Studies*, 2013, 26 (6).

[64] Kramer M R, Porter M E. Strategy and Society: The Link between

Competitive Advantage and Corporate Social Responsibility [J]. *Harvard Business Review*, 2006, 84 (12).

[65] Kulchina E. Personal Preferences, Entrepreneurs' Location Choices, and Firm Performance [J]. *Management Science*, 2016, 62 (6).

[66] Lau D C, Murnighan J K. Interactions within Groups and Subgroups: The Effects of Demographic Faultlines [J]. *Academy of Management Journal*, 2005, 48 (4).

[67] Lawrence T B, Hardy C, Phillips N. Institutional Effects of Interorganizational Collaboration: The Emergence of Proto-institutions [J]. *Academy of Management Journal*, 2002, 45 (1).

[68] Leblebici H, Salancik G R, Copay A, et al. Institutional Change and the Transformation of Interorganizational Fields: An Organizational History of the US Radio Broadcasting Industry [J]. *Administrative Science Quarterly*, 1991, 36 (3).

[69] Leuz C, Oberholzer-Gee F. Political Relationships, Global Financing, and Corporate Transparency: Evidence from Indonesia [J]. *Journal of Financial Economics*, 2006, 81 (2).

[70] Lev B, Petrovits C, Radhakrishnan S. Is Doing Good Good for You?: How Corporate Charitable Contributions Enhance Revenue Growth [J]. *Strategic Management Journal*, 2010, 31 (2).

[71] Li H, Zhang Y, Li Y, et al. Returnees Versus Locals: Who Perform Better in China's Technology Entrepreneurship? [J]. *Strategic Entrepreneurship Journal*, 2012, 6 (3).

[72] Li H, Zhou L A. Political Turnover and Economic Performance: The Incentive Role of Personnel Control in China [J]. *Journal of Public Economics*, 2005, 89 (9-10).

[73] Liang H, Marquis C, Renneboog L, et al. Future-time Framing: The Effect of Language on Corporate Future Orientation [J]. *Organization Science*, 2018, 29 (6).

[74] Luo X R, Chung C N. Keeping It All in the Family: The Role of Particularistic Relationships in Business Group Performance During Institu-

tional Transition [J]. *Administrative Science Quarterly*, 2005, 50 (3).

[75] Luo X R, Chung C N. Filling or Abusing the Institutional Void?: Ownership and Management Control of Public Family Businesses in an Emerging Market [J]. *Organization Science*, 2013, 24 (2).

[76] Luo X R, Wang D, Zhang J. Whose Call to Answer: Institutional Complexity and Firms' CSR Reporting [J]. *Academy of Management Journal*, 2017, 60 (1).

[77] Luo X R, Zhang J, Marquis C. Mobilization in the Internet Age: Internet Activism and Corporate Response [J]. *Academy of Management Journal*, 2016, 59 (6).

[78] Madsen P M, Rodgers Z J. Looking Good by Doing Good: The Antecedents and Consequences of Stakeholder Attention to Corporate Disaster Relief [J]. *Strategic Management Journal*, 2015, 36 (5).

[79] Maguire S, Hardy C, Lawrence T B. Institutional Entrepreneurship in Emerging Fields: HIV/AIDS Treatment Advocacy in Canada [J]. *Academy of Management Journal*, 2004, 47 (5).

[80] Marquis C. The Pressure of the Past: Network Imprinting in Intercorporate Communities [J]. *Administrative Science Quarterly*, 2003, 48 (4).

[81] Marquis C, Bird Y. The Paradox of Responsive Authoritarianism: How Civic Activism Spurs Environmental Penalties in China [J]. *Organization Science*, 2018, 29 (5).

[82] Marquis C, Davis G F, Glynn M A. Golfing Alone? Corporations, Elites, and Nonprofit Growth in 100 American Communities [J]. *Organization Science*, 2013, 24 (1).

[83] Marquis C, Glynn M A, Davis G F. Community Isomorphism and Corporate Social Action [J]. *Academy of Management Review*, 2007, 32 (3).

[84] Marquis C, Lee M. Who is Governing Whom?: Executives, Governance, and the Structure of Generosity in Large US Firms [J]. *Strategic Management Journal*, 2013, 34 (4).

[85] Marquis C, Qian C. Corporate Social Responsibility Reporting in China: Symbol or Substance? [J]. *Organization Science*, 2014, 25 (1).

[86] Marquis C, Qiao K. Waking from Mao's Dream: Communist Ideological Imprinting and the Internationalization of Entrepreneurial Ventures in China [J]. *Administrative Science Quarterly*, 2020, 65 (3).

[87] Marquis C, Raynard M. Institutional Strategies in Emerging Markets [J]. *Academy of Management Annals*, 2015, 9 (1).

[88] Marquis C, Tilcsik A. Imprinting: Toward a Multilevel Theory [J]. *Academy of Management Annals*, 2013, 7 (1).

[89] Marquis C, Tilcsik A. Institutional Equivalence: How Industry and Community Peers Influence Corporate Philanthropy [J]. *Organization Science*, 2016, 27 (5).

[90] Marquis C, Yin J, Yang D. State-mediated Globalization Processes and the Adoption of Corporate Social Responsibility Reporting in China [J]. *Management and Organization Review*, 2017, 13 (1).

[91] Maskin E, Qian Y, Xu C. Incentives, Information, and Organizational Form [J]. *The Review of Economic Studies*, 2000, 67 (2).

[92] Matten D, Moon J. "Implicit" and "Explicit" CSR: A Conceptual Framework for a Comparative Understanding of Corporate Social Responsibility [J]. *Academy of Management Review*, 2008, 33 (2).

[93] McDonnell M H, Cobb J A. Take a Stand or Keep Your Seat: Board Turnover After Social Movement Boycotts [J]. *Academy of Management Journal*, 2020, 63 (4).

[94] McDonnell M H, King B. Keeping up Appearances: Reputational Threat and Impression Management After Social Movement Boycotts [J]. *Administrative Science Quarterly*, 2013, 58 (3).

[95] McDonnell M H, Werner T. Blacklisted Businesses: Social Activists' Challenges and the Disruption of Corporate Political Activity [J]. *Administrative Science Quarterly*, 2016, 61 (4).

[96] Meyer J W, Boli J, Thomas G M, *et al.* World Society and the Nation-state [J]. *American Journal of Sociology*, 1997, 103 (1).

[97] Micelotta E, Lounsbury M, Greenwood R. Pathways of Institutional Change: An Integrative Review and Research Agenda [J]. *Journal of Management*, 2017, 43 (6).

[98] Mizruchi M S. What Do Interlocks Do?: An Analysis, Critique, and Assessment of Research on Interlocking Directorates [J]. *Annual Review of Sociology*, 1996, 22 (1).

[99] Nee V. The Emergence of a Market Society: Changing Mechanisms of Stratification in China [J]. *American Journal of Sociology*, 1996, 101 (4).

[100] Nee, V, and R Alba. A Theory of Assimilation. in R. Wittek, T. A. B. Snijders, and V. Nee (eds.). *The Handbook of Rational Choice Social Research* [M]. Stanford, CA: Stanford University Press, 2013.

[101] Nee V, Opper S. *Capitalism from Below: Markets and Institutional Change in China* [M]. Cambridge: Harvard University Press, 2012.

[102] Obukhova E. Why Not All Sea-turtles Become Brokers: The Conflict Between Category Membership and Brokerage Among Returnee-firms in China [D]. MIT Sloan Research Paper, 2012.

[103] Padgett J F, Powell W W. *The Emergence of Organizations and Markets* [M]. Princeton: Princeton University Press, 2012.

[104] Palazzo B. US-American and German Business Ethics: An Intercultural Comparison [J]. *Journal of Business Ethics*, 2002, 41 (3).

[105] Papke L E, Wooldridge J M. Panel Data Methods for Fractional Response Variables with an Application to Test Pass Rates [J]. *Journal of econometrics*, 2008, 145 (1-2).

[106] Pasquero J. Responsabilités Sociales de l'Entreprise: Les Approches Nord-Américaines. in J. Igalens (ed.). *Tous Responsables* [M]. Paris: Editions d'Organisation, 2004.

[107] Pfeffer J, Salancik G R. *The External Control of Organizations: A Resource Dependence Perspective* [M]. New York: Harper & Row, 1979.

[108] Portes A, Rumbaut R G. *Immigrant America: A Portrait* [M]. Berkeley: University of California Press, 1990.

[109] Portes A, Zhou M. The New Second Generation: Segmented Assimilation and Its Variants [J]. *The Annals of the American Academy of Political and Social Science*, 1993, 530 (1).

[110] Powell W W, DiMaggio P J. *The New Institutionalism in Organizational Analysis* [M]. Chicago: University of Chicago Press, 1991.

[111] Powell W W, Sandholtz K W. Amphibious Entrepreneurs and the Emergence of Organizational Forms [J]. *Strategic Entrepreneurship Journal*, 2012, 6 (2).

[112] Rangan S, Sengul M. The Influence of Macro Structure on the Foreign Market Performance of Transnational Firms: The Value of IGO Connections, Export Dependence, and Immigration Links [J]. *Administrative Science Quarterly*, 2009, 54 (2).

[113] Rao H. Caveat Emptor: The Construction of Nonprofit Consumer Watchdog Organizations [J]. *American Journal of Sociology*, 1998, 103 (4).

[114] Rao H, Morrill C, Zald M N. Power Plays: How Social Movements and Collective Action Create New Organizational Forms [J]. *Research in Organizational Behavior*, 2000, 22.

[115] Ravallion M, Jalan J. China's Lagging Poor Areas [J]. *American Economic Review*, 1999, 89 (2).

[116] Rider C I. How Employees' Prior Affiliations Constrain Organizational Network Change: A Study of US Venture Capital and Private Equity [J]. *Administrative Science Quarterly*, 2012, 57 (3).

[117] Saxenian A L. *The New Argonauts: Regional Advantage in a Global Economy* [M]. Boston: Harvard University Press, 2006.

[118] Scott W R. Institutional Carriers: Reviewing Modes of Transporting Ideas Over Time and Space and Considering Their Consequences [J]. *Industrial and Corporate Change*, 2003, 12 (4).

[119] Scott W R. *Institutions and Organizations: Ideas, Interests, and Identities* [M]. California: Sage Publications, 2014.

[120] Seo M G, Creed W E D. Institutional Contradictions, Praxis, and

Institutional Change: A Dialectical Perspective [J]. *Academy of Management Review*, 2002, 27 (2).

[121] Sewell Jr W H. A Theory of Structure: Duality, Agency, and Transformation [J]. *American Journal of Sociology*, 1992, 98 (1).

[122] Siegel J. Contingent Political Capital and International Alliances: Evidence from South Korea [J]. *Administrative Science Quarterly*, 2007, 52 (4).

[123] Smets M, Morris T I M, Greenwood R. From Practice to Field: A Multilevel Model of Practice-driven Institutional Change [J]. *Academy of Management Journal*, 2012, 55 (4).

[124] Spires A J. Contingent Symbiosis and Civil Society in an Authoritarian State: Understanding the Survival of China's Grassroots NGOs [J]. *American Journal of Sociology*, 2011, 117 (1).

[125] Stinchcombe A L. *Organizations and Social Structure* [M]. Chicago: Rand McNally, 1965.

[126] Tang Y, Qian C, Chen G, et al. How CEO Hubris Affects Corporate Social (Ir)responsibility [J]. *Strategic Management Journal*, 2015, 36 (9).

[127] Tilcsik A. From Ritual to Reality: Demography, Ideology, and Decoupling in a Post-communist Government Agency [J]. *Academy of Management Journal*, 2010, 53 (6).

[128] Tilcsik A, Marquis C. Punctuated Generosity: How Mega-events and Natural Disasters Affect Corporate Philanthropy in US Communities [J]. *Administrative Science Quarterly*, 2013, 58 (1).

[129] Torfason M T, Ingram P. The Global Rise of Democracy: A Network Account [J]. *American Sociological Review*, 2010, 75 (3).

[130] Uzzi B. Social Structure and Competition in Interfirm Networks: The Paradox of Embeddedness [J]. *Administrative Science Quarterly*, 1997, 42 (1).

[131] Van de Ven A H. *Engaged Scholarship: A Guide for Organizational and Social Research* [M]. Oxford: Oxford University Press, 2007.

[132] Wang D. Activating Brokerage: Inter-organizational Knowledge

Transfer through Skilled Return Migration [J]. *Administrative Science Quarterly*, 2015, 60.

[133] Wang D, Du F, Marquis C. Defending Mao's Dream: How Politicians' Ideological Imprinting Affects Firms' Political Appointment in China [J]. *Academy of Management Journal*, 2019, 62 (4).

[134] Wang D, Luo X R. Retire in Peace: Officials' Political Incentives and Corporate Diversification in China [J]. *Administrative Science Quarterly*, 2019, 64 (4).

[135] Wang H, Qian C. Corporate Philanthropy and Corporate Financial Performance: The Roles of Stakeholder Response and Political Access [J]. *Academy of Management Journal*, 2011, 54 (6).

[136] Warren R, Peck J M. Foreign-born Emigration from the United States: 1960 to 1970 [J]. *Demography*, 1980, 17 (1).

[137] Westphal J D, Milton L P. How Experience and Network Ties Affect the Influence of Demographic Minorities on Corporate Boards [J]. *Administrative Science Quarterly*, 2000, 45 (2).

[138] Westphal J D, Seidel M D L, Stewart K J. Second-order Imitation: Uncovering Latent Effects of Board Network Ties [J]. *Administrative Science Quarterly*, 2001, 46 (4).

[139] Westphal J D, Zajac E J. Who Shall Govern? CEO/Board Power, Demographic Similarity, and New Director Selection [J]. *Administrative Science Quarterly*, 1995.

[140] Westphal J D, Zajac E J. A Behavioral Theory of Corporate Governance: Explicating the Mechanisms of Socially Situated and Socially Constituted Agency [J]. *Academy of Management Annals*, 2013, 7 (1).

[141] World Bank. China—Overcoming Rural Poverty [D]. http://documents.worldbank.org/curated/en/939821468770499904/China-Overcoming-rural-poverty, 2000.

[142] Wu J, Deng Y, Huang J, *et al*. Incentives and Outcomes: China's Environmental Policy [R]. National Bureau of Economic Research, 2013.

[143] Yin J, Zhang Y. Institutional Dynamics and Corporate Social Re-

sponsibility (CSR) in an Emerging Country Context: Evidence from China [J]. *Journal of Business Ethics*, 2012, 111.

[144] Zaheer S. Overcoming the Liability of Foreignness [J]. *Academy of Management Journal*, 1995, 38 (2).

[145] Zhang J, Luo X R. Dared to Care: Organizational Vulnerability, Institutional Logics, and MNCs' Social Responsiveness in Emerging Markets [J]. *Organization Science*, 2013, 24 (6).

[146] Zhang J, Marquis C, Qiao K. Do Political Connections Buffer Firms from or Bind Firms to the Government?: A Study of Corporate Charitable Donations of Chinese Firms [J]. *Organization Science*, 2016, 27 (5).

[147] Zietsma C, Lawrence T B. Institutional Work in the Transformation of an Organizational Field: The Interplay of Boundary Work and Practice Work [J]. *Administrative Science Quarterly*, 2010, 55 (2).

[148] Zilber T B. Institutionalization as an Interplay Between Actions, Meanings, and Actors: The Case of a Rape Crisis Center in Israel [J]. *Academy of Management Journal*, 2002, 45 (1).

[149] Zweig D, Wang H. Can China Bring back the Best?: The Communist Party Organizes China's Search for Talent [J]. *The China Quarterly*, 2013, 215.

[150] Zweig, D. Competing for Talent: China's Strategies to Reverse the Brain Drain [J] . *International Labour Review*, 2006, 145 (1-2).

# 2 海归董事与公司税务管理
TWO

本章使用 2000 年至 2012 年中国上市公司的数据评估海归董事对公司避税的影响。海归董事在中国长大，然后在国外学习或工作，最后回国成为上市公司的董事会成员。我们将自变量定义为海归董事的人数占公司董事总数的比例，以各省份出台的吸引具有国外经验的高端人才的政策为工具变量。通过分位数回归，我们发现在低水平的避税情况下，海归董事和公司避税行为之间存在正相关关系，但在高水平的避税情况下存在负相关关系。这一结果经得起一系列的检验。国有企业的海归董事与公司避税行为之间的关系比非国有企业与公司避税行为之间的关系强；拥有 MBA 学位、会计或审计背景的海归董事与公司避税行为之间的关系比其他董事与公司避税行为之间的关系强。

## 一、引　言

我们使用 2000 年至 2012 年中国上市公司的数据评估海归董事如何影响公司避税行为。具体来说，我们考虑的是那些在海外获得经验并随后回国的海归董事。通过研究公司的避税行为与在董事会任职的海归董事比例的关系，我们对一个新兴市场国家的公司避税行为如何变化这一问题进行了深入的分析。

我们认为避税是公司增加利润的方式之一。海归董事影响公司避税行为的原因有两个：首先，避税的策略可能比其他经营活动更不透明，因此，可能给股东带来不必要的风险。其次，避税可以替代其他经营活动，而这些经营活动可能需要管理者和董事付出更大的代价。研究海归董事如何影响公司避税策略可能会带来关于公司运营环境潜在的丰富见解。

海归董事在中国长大，然后在国外学习或工作，最后回国担任上市公司的董事。他们可以帮助解决新兴市场国家的上市公司代理问题。首先，他们凭借专业知识可以帮助监督公司并为公司提供建议，这些海归董事可以有效地监督公司的管理，从而缓解与公司避税有关的代理问题，使得税收实践更有效。其次，鉴于他们与当地董事或经理相比具备更强的独立性，以及他们对当地政治家或其他地方势力的依附关系较弱，海归董事作为监督者和顾问可以起到更大的激励作用。

中国为研究具有海外经验的董事如何改变公司避税行为提供了一个独特的环境。首先，中国的上市公司需要能够在国际环境中开展业务的经理和董事。由于整体上中国拥有海外经验的高管较为稀缺，他们在董事会中的代表性存在很大的跨公司差异。其次，海归董事在不同的国家有不同的工作经验，个人特点也各不相同，这使我们能够研究海归董事具有的与公司避税行为关系最密切的特征。最后，中国大多数省份在不同时期都出台了吸引具有国外经验的高端人才回国的政策。由于企业倾向于雇用靠近美国和中国总部的董事（Giannetti et al.，2015；Knyazeva et al.，2013），我们认为这些省级政策的出台对总部在这些省份的企业的潜在回国董事的供应产生了外生冲击。

未解决的代理问题会导致公司管理者的避税行为相较于股东的期望过高或过低。那些与股东的偏好更加一致的海归董事则可以调整避税策略，使之更加有效。假设股东偏好一定程度上的避税，而不期望避税策略过于激进。我们猜想，当董事会中海归董事的比例较大时，公司会在避税水平较高时减少避税行为，在避税水平较低时增加避税行为。与 Armstrong 等（2015）的观点一致，知道税收策略净收益的海归董事应该在低避税水平下鼓励更多的税务筹划行为，而当避税水平过高，避税的边际成本高于边际收益时，不鼓励额外的避税行为。

为了检验上述假设，我们按照 Armstrong 等（2015）的做法，估计了分位数回归，以评估公司避税行为和公司董事会中海归董事的比例之间的关系。这种方法是适宜的，因为海归董事对公司避税行为的影响可能在不同的避税水平下有所不同。为了解决雇用海归董事的决定的内生性问题，以及该决定可能受到未观察到的因素影响的问题，根据已有的文献，我们使用各省份为吸引海归人才所出台的省级政策来构建工具变量。

## 2 海归董事与公司税务管理

我们发现，董事会中海归董事的比例与公司避税行为之间的相关性在低避税水平下为正，在高避税水平下为负。随着海归董事比例的增加，公司更有可能从较低的避税量级向较高的避税量级发展。

为了研究这种相关性在不同类型企业之间的区别，我们研究了海归董事对公司避税行为的影响在国有企业和非国有企业之间是否存在差异。我们发现，国有企业更有可能采取次优的税收策略，这是因为国有企业往往更强调政治目标而不是经济效益的最大化。我们还发现，在海归董事对公司避税行为的影响上，当避税水平较低时，国有企业比非国有企业更积极；而当避税水平较高时，国有企业比非国有企业更消极。这些结果表明，海归董事可以缓解国有企业面临的不注重经济效益最大化的情况，并帮助这些企业选择更加有效的避税做法。

然后，我们研究了影响这种关系的海归董事的特征。我们发现，具有MBA学位、会计或审计背景的海归董事比其他海归董事发挥了更大的作用。这一结果表明，海归董事的专业知识有助于识别投资者偏好的税收策略。此外，我们还发现，相比独立本地董事，独立海归董事能更有效地转变公司的避税行为。这一结果表明，独立海归董事可以影响公司避税行为，因为他们相比独立本地董事能更好地监督公司。

本章研究具有以下贡献：首先，本章强调了董事在影响公司避税策略方面的作用，特别是在快速变化的经济体中。本章内容丰富了关于董事如何影响公司避税行为的相关研究（Armstrong et al., 2015; Chyz & Gaertner, 2018; Lanis & Richardson, 2011; Minnick & Noga, 2010; Richardson et al., 2013）。其次，本章揭示了海归人员如何推动公司避税行为从一个国家传播到另一个国家。我们的工作与此前关于公司避税行为因实践和文化规范而产生的静态跨国差异的研究有关（Bame-Aldred et al., 2013; Richardson, 2006, 2008; Tsakumis et al., 2007），通过关注个体的移民，我们扩展了关于公司避税行为跨国传播的研究（Blouin et al., 2005; Braguinsky & Mityakov, 2015; DeBacker et al., 2015）。我们的研究还提供了一个不同的角度，即个人是如何被激励参与公司避税行为的，这与现有文献不同，现有文献主要关注高管群体（Armstrong et al., 2012; Chyz & Gaertner, 2018; Desai & Dharmapala, 2006; Phillips, 2003; Rego & Wilson, 2012）。

## 二、文献回顾、理论分析与研究假设

中国拥有全球第二大股票市场。截至2012年底，这些公司的总市值为3.66万亿美元，有2494家公司在上海证券交易所和深圳证券交易所上市。这些公司面临着大量的公司治理问题，小投资者的利益往往受到损害。由于所有权集中和商业集团影响，许多中国上市公司缺乏足够的透明度。

中国上市公司的一个明显特征是政府持有较多股份。许多上市公司从国有企业剥离出来，并受政府影响。Shleifer和Vishny（1994）认为，由于被强加了利润最大化以外的目标，这类公司往往缺乏效率。Naughton（1995）指出，国有企业往往强调政治目标而不是经济效率，相比非国有企业竞争力较弱。复杂的公司结构和环境为控股股东侵占中小股东的权利提供了机会。为了缓解这一问题，许多投资者转而依赖董事会。

中国公司的董事会功能与美国公司相似。中国公司董事会的一个重要组成部分——独立董事是中国的监管机构通过借鉴美国的公司法和惯例而建立的（Clarke，2006）。董事有义务审查公司的主要计划和政策。[①] 在董事会会议上，董事可以讨论和表决提案。提案经由董事投票，达到简单多数支持即可获得批准。独立董事在董事会中也发挥着重要作用，他们与所监督的公司及其控股股东没有业务关系。此外，独立董事最多只能担任两个任期，每个任期3年。他们由大股东或董事会提名，由股东在股东大会上正式任命。独立董事通常是有成就的个人，他们很重视自己在董事会内外的声誉（Jiang et al.，2016）。

我们重点关注公司治理在避税方面的作用。正如Armstrong等（2015）所指出的，对于公司高管来说，避税可能是一项有风险的决策。高管们可以选择一个与股东愿望不同的避税水平。海归董事可能会影响公司的避税决定，

---

[①] 根据中国《公司法》的规定，董事会有权决定高管的报酬。中国证券监督管理委员会（CSRC）是中国上市公司的监管机构，要求中国上市公司设立薪酬委员会，该委员会由部分董事会成员组成，由一名独立董事担任主席。这个委员会将定期对高管进行评估，并代表董事会和股东制订激励计划。根据Mao等人（2012）的研究，2002年中国A股上市公司中设有薪酬委员会的比例为31%，2007年增加到89%，2010年为99%。

原因包括：首先，海归董事对海外市场竞争有所了解，并提升了知识水平，学习了先进的管理经验。拥有这些知识，海归董事可以帮助减少部分避税行为对股东的影响，正如股东所希望的那样。其次，海归董事往往能更加有效地监督公司的行为，这是因为他们的国外经验使他们相对独立于当地的商业环境、政府和其他管理层人员。因此，海归董事可以成为更好的监督者，可以识别过于极端的避税水平并有效改变避税行为。

基于以上理由，我们猜想，公司避税行为与董事会中海归董事的比例之间的关系在较低的避税水平和较高的避税水平下有所不同。在较低避税水平下，税务筹划的边际效益可能比边际成本更显著。海归董事知道这些好处，并有效监督管理层行为，因此，他们鼓励合理避税，导致董事会中海归董事的比例和公司避税行为之间存在正相关关系。在较高避税水平下，避税的边际成本可能超过边际收益，潜在的成本可能是监管、法律或政治方面的，并随着避税行为的增加而迅速增加，边际收益则可能减少。在这种情况下，海归董事可以发现问题，并作为监督者来减少避税行为，从而导致在高避税水平下，董事会中海归董事的比例与公司避税行为之间存在负相关关系。

**假设 1（H1）：董事会中海归董事的比例与公司避税行为在低避税水平下正相关，而在高避税水平下负相关。**

如果 H1 是正确的，我们预计海归董事的影响会因公司和海归董事的特征而有所不同。对不同公司之间公司特征与海归董事特征关系的研究可以提供与 H1 相关的进一步证据。我们首先考察国有企业和非国有企业之间的差异。由于许多上市公司都是从国有企业中剥离出来的，政府在这些上市公司中保留了一部分股份，政府或其代理人也往往继续成为控股股东（Gul et al., 2010；Jiang et al., 2016）。在我们的样本中，2000 年底，大多数（75%）中国公司的最终控股股东都是中央或地方政府或者国有企业。这一比例在 2012 年下降到 40% 左右。我们认为，与非国有企业相比，国有企业可以选择更加偏离股东偏好的避税策略，这是因为国有企业往往强调经济优化以外的目标（Naughton，1995；Shleifer & Vishny，1994）。我们预计，海归董事对公司避税行为的影响在国有企业比在非国有企业更重要，他们可以利用其知识和经验，帮助企业选择与股东偏好一致的避税策略。

**假设 2a（H2a）：与非国有企业相比，国有企业的海归董事对公司避税行**

为的影响在避税水平较低时正相关性更强,在避税水平较高时负相关性更强。

接着,我们考虑海归董事的教育背景和工作经验。具体来说,我们考虑海归董事是否有 MBA 学位。我们认为,较多商业知识和技能可以帮助海归董事将公司的避税风格调整得更好。MBA 项目为学生提供了许多与市场竞争和商业世界相关的课程,包括管理经济学、会计学、商业伦理、金融学等。有了这些专业训练,MBA 学生可以更好地理解避税行为背后的经济动机。我们也会考虑一个海归董事是否有会计或审计的背景。一个有经验的会计师或审计师能够检查和分析公司的财务状况、内部控制和治理,并与公司的利益相关者就这些问题进行沟通。这样的专业人员也能发现与避税行为有关的问题。因此,我们认为,拥有 MBA 学位、会计或审计背景的海归董事可以更好地调整避税策略。

假设 2b(H2b):与没有 MBA 学位的海归董事相比,拥有 MBA 学位的海归董事对避税行为的影响在避税水平较低时正相关性更强,在避税水平较高时负相关性更强。

假设 2c(H2c):与没有会计或审计背景的海归董事相比,拥有会计或审计背景的海归董事对避税行为的影响在避税水平较低时正相关性更强,在避税水平较高时负相关性更强。

独立海归董事可以更有效地监督公司,因为他们相对独立本地董事来说更独立于当地的商业环境、政府和公司管理人员。

假设 2d(H2d):与独立本地董事相比,独立海归董事对公司避税行为的影响在避税水平较低时正相关性更强,在避税水平较高时负相关性更强。

## 三、研究设计

### (一)样本

我们使用 2000 年至 2012 年在中国 A 股市场上市的公司样本来检验我们的假设。我们从 CSMAR 数据库收集这些公司的数据。在排除财务信息缺失的公司后,我们得到 2450 家公司和 16197 个公司年度观测值的样本。我们从 51915 名董事的简历中手动收集有关他们海外经验和其他人口统计学特征的信息。

(二) 变量

1. 公司避税行为

我们使用剩余账面—税收差距（residual book-tax gap）作为公司避税行为的主要衡量标准。

首先，我们根据 Manzon 和 Plesko（2002）以及 Desai 和 Dharmapala（2006）构建账面—税收差距（Book-tax gap）。我们计算公司向股东报告的账面收入（$Y^S$）与公司向税务机关报告的收入（$Y^T$）之间的差异，其中 $Y^S$ 是公司财务报表中的收入。为了估计 $Y^T$，我们将公司的税收支出（$CFTE$）除以公司面临的法定税率（$T$）[①]，即 $Y^T = CFTE/T$。然后，我们通过将 $Y^S$ 和 $Y^T$ 之间的差额根据公司的总资产进行缩放，得到账面—税收差距。与 Desai 和 Dharmapala（2006）采用的方法类似，我们将样本限制在推断出的应税收入为正值的公司年度观测值上。[②] 这种结构意味着账面—税收差距与法定税率和有效税率（$ETR$）之间的差异有关。我们将 $ETR$ 定义为税收支出除以账面收益（$T^E = CFTE/Y^S$）；将账面—税收差距定义为法定税率和 $ETR$ 之间的差异乘报告给股东的账面收入除以法定税率，则 $Y^S - Y^T = Y^S - CFTE/T = Y^S(1 - CFTE/[Y^S T]) = Y^S(T - T^E)/T$。因此，账面—税收差距与法定税率和有效税率之间的差异（$T - T^E$）正相关。

账面—税收差距在与公司避税行为相关的研究中被广泛使用（Desai, 2003；Hanlon, 2005；Lev & Nissim, 2004；Plesko, 2002），然而，它可能包括来自盈余管理的"噪音"（Hanlon & Heitzman, 2010）。为了缓解这一问题，Desai 和 Dharmapala（2006, 2009）通过使用与盈余管理正交的账面—税收差距的组成部分，即剩余账面—税收差距，替代性地衡量公司避税行

---

[①] 税率是从 Wind 数据库中收集的。Wind 数据库从企业公开发表的年报中获取企业的法定所得税率。根据中国证监会的规定，上市公司的税率必须在其年报的"财务信息"部分准确、详细地披露，并且通常由专业的审计机构进行审核。资料来源：http://www.csrc.gov.cn/pub/newsite/flb/flfg/bmgf/xxpl/xxplgz/201505/t20150521_277496.html。

[②] Desai 和 Dharmapala（2006）指出，应税收入为零或负数的公司在边际上从事避税活动的动机较弱，尽管净经营亏损结转和结转可以使亏损公司的节税有潜在的价值。

为。按照他们的方法，我们用总应计项目（Total accruals）[①]来解释账面—税收差距中归因于盈余管理的部分。然后估计普通最小二乘法的回归结果。Book-tax gap$_{it}$=βTotal accruals$_{it}$+$\mu_i$+$\varepsilon_{it}$，其中$\mu_i$是公司$i$在整个样本期间的残差的平均值。这个回归的残差$\varepsilon_{it}$可以衡量公司避税行为，因为它代表了无法用盈余管理的变化来解释的账面—税收差距的部分。具体来说，我们把残差定义为剩余账面—税收差距，即Residual book-tax gap$_{it}$=$\mu_i$+$\varepsilon_t$。

我们根据行业—规模对公司避税行为的衡量标准进行调整，具体来说，我们在每一个样本年根据总资产将企业分为十等分，计算每年每个行业和十等分组合中避税变量的平均值，并在估计回归之前从变量中减去平均值。行业—规模调整后的变量可以更好地控制行业—规模的冲击。例如，如果一个行业或一个规模组表现出避税的增长趋势，行业—规模—年份的平均值就可以捕捉到这种趋势。我们通过使用行业—规模—年份的平均值调整后的避税率，从避税变量的变化中去除这些趋势。继Giannetti等（2015）之后，我们使用中国证监会的官方行业分类来定义行业。

2. 海归董事

我们的主要自变量是海归董事（Returnee directors），即有海外经验的董事人数除以董事总数。我们定义在中国以外的地方学习或工作过的董事为"具有海外经验的董事"。[②]我们通过研究CSMAR数据库中董事的简历来获得有关董事海外经验的信息。共有51915名董事和179320个董事—公司—年份的观测值被记录，有9.07%的董事有海外经验。大多数海归董事在美国、英

---

[①] 根据Healy（1985），总应计项目可以被视为公司收益管理的表征，被计算为净利润和经营活动的净现金流之间的差额。

[②] 为了根据董事的简历来识别有海外经验的董事，我们开发了一个包含490个词的关键词库。这些关键词包括四个不同的部分：（1）一般的简单词汇；（2）作为中国人出国留学的认可目的地的国家名称；（3）全球200强大学的名称；（4）具体的国外地点的名称。一般的简单词汇是描述海外经验存在的中文或英文词汇，如"留学"。中国人出国留学认证的国家名称来自中国教育部。全球200强大学的名称来自《泰晤士报》的高等教育世界大学排名，该排名每年评估全球大学的全面表现，被广泛认为是最强大的高等教育机构排名之一。具体的国外地点的名称包括以下内容：美国所有50个州的名称；中国教育部认可的所有目的地国家的首都名称；选定的全球200强大学所在的城市名称；等等。

国、日本、加拿大、澳大利亚、新加坡、德国、法国等国家获得了海外经验。

随后，我们根据海归董事的两个特点，将海归董事分为两类互不重合的变量。首先，我们关注他们是否获得了 MBA 学位，将海归董事分为拥有 MBA 学位的海归董事（Returnee directors with MBA degrees）和没有 MBA 学位的海归董事（Returnee directors without MBA degrees）。前者用拥有 MBA 学位的海归董事人数除以董事会成员人数表示；后者用没有 MBA 学位的海归董事人数除以董事会成员人数表示。其次，我们考虑他们是否具有会计或审计背景，据此将海归董事分为具有会计或审计背景的海归董事（Returnee directors with A-A background）和不具有会计或审计背景的海归董事（Returnee directors without A-A background）。前者用具有会计或审计背景的海归董事除以董事会成员人数表示；后者用不具有会计或审计备景的海归董事除以董事会成员人数表示。如果一个董事曾经学习过会计或审计知识，或在相关领域工作过，则被认为具有会计或审计背景。[①]

此外，我们通过建立三个变量来衡量海归董事，即独立海归董事、独立本地董事，以及非独立海归董事。独立海归董事（Independent returnee directors）是指非公司雇员的海归董事的数量除以董事会成员人数。独立本地董事（Independent local directors）是指没有海外经验的非公司雇员的董事人数除以董事会成员人数。非独立海归董事（Nonindependent returnee directors）是指身为公司雇员的海归董事的数量除以董事会成员人数。

### （三）控制变量

根据以往的研究，我们构建了几个可能影响避税策略的企业层面的变量（Dyreng et al., 2010; Frank et al., 2009）：第一，外资持股（Foreign ownership），定义为所有外国法人拥有的股份除以公司的总股份。还有两个变量是最大股东的股份比例（Block）和一个虚拟变量即公司最大的最终持股人之一，在 CSMAR 数据库中被标记为国资持有或国资控股（State）。这三个变量反映了公司的所有权结构。第二，我们用公司总资产的自然对数来衡

---

① 海归董事的 MBA 学位、会计或审计经验可以在国外或国内获得。我们试图了解哪些海归董事能有效地改变避税行为，而不是了解国外的 MBA 学位、会计或审计经验是否比国内的更有用。

量公司规模（Firm size），用公司的营业收入除以总资产（ROA）来衡量盈利能力。这些变量反映出规模较小、利润较高的公司更有可能避税。第三，我们把总负债除以总资产（Leverage）、无形资产除以总资产（Intangible），以及现金和银行余额之和除以总资产（Cash）作为控制变量，考虑最后一个变量是因为避税可能取决于公司的现金资源的可用性。

我们还加入几个与公司避税决定有关的董事会层面的变量：第一，董事年龄（Director age），是董事会成员年龄（本年度与董事出生的年份之差）的平均值。第二，董事任期（Director tenure），被定义为董事会成员任期（1＋本年度与个人加入董事会的年份之差）的平均值。第三，女性董事（Female director），是指女性董事的比例。第四，非独立董事（Nonindependent director），是指作为公司雇员领取工资的董事的比例。第五，外籍董事（Foreign director），是指董事会中外籍董事的比例。

除了离散指标变量外，我们在第1和第99个百分位数上对所有上述变量进行缩尾处理。为了更好地研究海归董事对公司避税行为的影响，我们遵循Armstrong等（2015）的做法，将所有海归董事的变量和与董事会董事相关的控制变量在以下分析中滞后一年。

表2-1列出了关键变量的描述性统计，该表分别对有海归董事和没有海归董事的公司进行了描述。在有海归董事的公司年度观测值中，平均剩余账面—税收差距为0.0001；在没有海归董事的公司年度观测值中，平均剩余账面—税收差距为－0.0005，所有公司剩余账面—税收差距的平均值为0.0006。这两个子样本之间的平均剩余账面—税收差距的差异并不意味着海归董事能够促使公司避免更多的税收，原因有二：第一，在避税分布的不同部分，海归董事和公司避税行为之间的关系是不同的，因此，我们使用量化回归来呈现这种关系在避税分布的不同区间的变化。第二，这两个子样本中的公司可能在其他公司特征方面存在差异，而这些特征可能会推动避税行为，因此，我们控制一系列其他变量，并采用工具变量法。表2-1还显示，在有海归董事的7974个公司年度观测值中，海归董事的平均值为19.86%，标准差为12.46%，而在其余6108个没有海归董事的公司年度观测值中，平均值等于0。在全部样本中，海归董事的平均数为11.48%，这表明每10位董事中就约有一位是海归董事。

表 2-1 描述性统计

| 组 | 有海归董事 | | | 无海归董事 | | | Difference of mean |
|---|---|---|---|---|---|---|---|
| 变量 | M | SD | No. of obs | M | SD | No. of obs | |
| Residual book-tax gap | 0.0001 | 0.0049 | 7681 | 0.0005 | 0.0047 | 5737 | 0.0006*** |
| Returnee directors | 0.1986 | 0.1246 | 7974 | 0 | 0 | 6108 | 0.1986*** |
| Number of returnee directors | 1.9437 | 1.3006 | 7974 | 0 | 0 | 6108 | 1.9437*** |
| Director age | 48.9497 | 3.9184 | 7971 | 48.5706 | 3.9220 | 6105 | 0.3791*** |
| Director tenure | 2.9026 | 0.4749 | 7974 | 2.8914 | 0.4371 | 6108 | 0.0112 |
| Female director | 0.1009 | 0.1029 | 7974 | 0.1095 | 0.1085 | 6108 | 0.0087*** |
| Nonindependent director | 0.3694 | 0.1956 | 7969 | 0.4035 | 0.2168 | 6101 | 0.0341*** |
| Foreign director | 0.0077 | 0.0330 | 7974 | 0.0004 | 0.0087 | 6108 | 0.0072*** |
| Foreign ownership | 0.0153 | 0.0630 | 7974 | 0.0038 | 0.0297 | 6108 | 0.0115*** |
| Block | 0.3796 | 0.1582 | 7974 | 0.3932 | 0.1645 | 6108 | 0.0136*** |
| State | 0.4105 | 0.4919 | 7974 | 0.5164 | 0.4998 | 6108 | 0.1059*** |
| Firm size (人民币，取自然对数) | 21.7435 | 1.2415 | 7974 | 21.4254 | 1.0231 | 6108 | 0.3181*** |
| ROA | 0.0544 | 0.0547 | 7974 | 0.0469 | 0.0549 | 6108 | 0.0075*** |
| Leverage | 0.4768 | 0.2309 | 7974 | 0.4801 | 0.2393 | 6108 | 0.0033 |
| Intangible | 0.0414 | 0.0530 | 7974 | 0.0424 | 0.0545 | 6108 | 0.001 |
| Cash | 0.1747 | 0.1338 | 7699 | 0.1605 | 0.1167 | 5977 | 0.0142*** |
| Returnee directors with MBA degrees | 0.0182 | 0.0482 | 7974 | 0 | 0 | 6108 | 0.0182*** |
| Returnee directors without MBA degrees | 0.1804 | 0.1154 | 7974 | 0 | 0 | 6108 | 0.1804*** |
| Returnee directors with A-A background | 0.0316 | 0.0549 | 7974 | 0 | 0 | 6108 | 0.0316*** |
| Returnee directors without A-A background | 0.1670 | 0.1160 | 7974 | 0 | 0 | 6108 | 0.1670*** |
| Independent returnee directors | 0.1482 | 0.1046 | 7974 | 0 | 0 | 6108 | 0.1482*** |
| Independent local directors | 0.4821 | 0.1932 | 7969 | 0.5962 | 0.2174 | 6101 | 0.1141*** |
| Nonindependent returnee directors | 0.0504 | 0.0849 | 7974 | 0 | 0 | 6108 | 0.0504*** |
| SOE | 0.5712 | 0.4949 | 7947 | 0.6684 | 0.4708 | 6094 | 0.0972*** |

注：本表报告了有和没有海归董事的公司的描述性统计，以及两组公司之间的差异。ROA 为资产收益率 (Return on assets)；SOE 为国有企业 (State-owned enterprise)。

*、**、*** 分别代表 $p<0.1$，$p<0.05$，$p<0.01$（本章以下各表相同）。

### (四)识别策略

在一个理想的实验中,具有国外经验的董事将被随机分配到不同公司。研究人员将会观察,相对于那些没有海归董事的公司,有海归董事的公司避税行为是如何变化的。然而,雇用具有海外经验的董事的决定是内生的,可能受到与避税行为相关的非观察因素的影响。特别是具有特殊特征的公司或者遇到特殊挑战或机遇的公司可能会选择或吸引具有国外经验的董事。这些公司可能以特定的方式参与避税行为。因此,海归董事的存在和避税行为可能是由共同的未观察到的因素驱动的。仅仅控制时间、行业和企业特征以及公司所有制、规模和董事会结构这些变量可能无法确定海归董事对避税行为的影响。为了解决避税策略中潜在的内生性问题,我们采用工具变量法。

按照Giannetti等(2015)的做法,我们利用各省份出台的吸引海归人员的政策来构建工具变量。从20世纪90年代末开始,中国各省份政府陆续出台吸引具有国外经验的高技能人才的政策(Zweig,2006)。该类政策的主要目的是提高学术和工业研究的质量,鼓励创业,促进公司发展。这些政策只针对杰出的中国侨民,政策优惠措施包括税收减免、住房补贴、购买进口汽车和电子产品免税、解决回国人员子女的入学问题、提供地方补助和奖励、给予医疗福利、保障配偶的工作和长期居留许可等。这些省级政策对于总部在这些省份的企业来说,是对具有国外经验的潜在董事供应的外生冲击,因为企业倾向于雇用靠近美国和中国总部的董事(Giannetti *et al.*,2015;Knyazeva *et al.*,2013)。因此,这个工具变量可以帮助我们解决内生性问题。①

工具变量包括省级政策(*Provincial policy*)和省级政策与2000年(即我们样本期的开始年份)公司的事前所有权特征变量(*State*、*Foreign Ownership*和*Block*)之间的相互影响。省级政策变量在政策实施后的几年里等于

---

① 内生性由两部分组成:一是出国的人的特征可以与他们去的国外的特征有内生关系。二是有国外经验的潜在董事的供应可以与他们担任董事的公司的特征有内生关系。第一部分并不影响海归董事对避税影响的大小,但它确实改变了影响的相互性。那么,海归董事的影响可能是源于他们出国前的特征而不是他们的国外经历。为了阐明这个问题,我们研究了海归董事的特征是否与国外的特征有关。具体来说,我们研究了海归董事的性别、出国年龄、出国前的教育背景以及出国前所在省份的腐败环境等,但没有发现对这种关系的支持。尽管如此,我们还是很难排除第一部分的内生性。

1；否则，这个变量为 0。如果一个公司在 2000 年之后进入我们的样本，那么该公司进入样本的那一年的公司所有权特征将被用来构建交互变量。我们加入交互变量是为了提高工具变量法中两阶段最小二乘估计的第一阶段的精确度，因为省级政策对海归董事的影响可能取决于公司的事前所有权特征变量。[①] 这些工具变量反映了政策所驱动的具有国外经验的董事供应的变化，因为雇用董事的劳动力市场基本是本地的。因此，我们希望这些变量能够成为预测海归董事人数增加的可靠因素。

我们将工具变量纳入量化回归估计中，此前也有文献考虑将工具变量与量化回归结合起来（Abadie et al., 2002；Chernozhukov & Hansen, 2005；Chesher, 2003；Lee, 2007；Frölich & Melly, 2013；Kaplan & Sun, 2017），我们遵循 Lee（2007）的控制函数方法。

## 四、实证结果与分析

我们首先研究 H1，即董事会中海归董事的比例和公司避税行为之间的关系在低避税水平下正相关，在高避税水平下负相关。为了评估这一假设，我们使用行业—规模—年份的平均值调整后的剩余账面—税收差距对海归董事和控制变量进行量化回归。

$$Tax\ avoidance_{i,t} = \beta_0 + \beta_1 Returnee\ directors_{i,t-1}$$
$$+ \beta_2 Foreign\ ownership_{i,t} + \beta_3 Block_{i,t} + \beta_4 State_{i,t}$$
$$+ \beta_5 Firm\ size_{i,t} + \beta_6 Leverage_{i,t} + \beta_7 ROA_{i,t}$$
$$+ \beta_8 Intangible_{i,t} + \beta_9 Cash_{i,t} + \beta_{10} Female\ director_{i,t-1}$$
$$+ \beta_{11} Director\ tenure_{i,t-1} + \beta_{12} Director\ age_{i,t-1}$$
$$+ \beta_{13} Foreign\ director_{i,t-1}$$
$$+ \beta_{14} Nonindependent\ director_{i,t-1} + \varepsilon_{i,t}$$

---

① Angrist 和 Pischke（2008）讨论了一个类似的方法。加入这些交互项是为了增加第一阶段的 $R^2$，从而提高精确度。鉴于所有权特征变量都是事前的，当省级政策同时满足相关性和排除性时，交互项也满足了。事前所有权特征变量本身并不是工具变量的一部分。我们在第一和第二阶段都将时间变化的所有权特征变量作为控制变量。

我们遵循 Armstrong 等（2015）的做法，将 Returnee directors 和所有与董事有关的控制变量滞后一年，而其他控制变量与因变量是同步的。考虑到海归董事拥有参与董事会席位本身可能与他们担任董事的公司特征有内生关系，我们在表 2-2 的面板 A 中展示了带有工具变量的第二阶段量化回归的结果。第 10 个百分点的系数为 0.0860，t 统计量为 3.14，第 90 个百分点的系数为 -0.1230，t 统计量为 -5.45。F 检验显示，Returnee directors 的系数在 0.1 和 0.9 量级之间、0.2 和 0.8 量级之间、0.3 和 0.7 量级之间或 0.4 和 0.6 量级之间都有明显的差异。面板 A 组的结果表明，在控制了潜在的内生因素后，当避税水平相对较低时，海归人员的避税行为会增加；当避税水平相对较高时，避税行为会减少。[①] Returnee directors 每增加一个标准差，会使剩余账面—税收差距的第 10 个百分点的系数增加相当于剩余账面—税收差距的 1.18 个标准差，也会使剩余账面—税收差距的第 90 个百分点的系数减少相当于剩余账面—税收差距的 1.69 个标准差。这些结果表明，在同行业和类似规模的公司，有更多海归董事的公司在账面—税收差距较低时，往往会增加避税。当这些公司的避税行为过于激进时，海归董事会减少避税行为。这些结果与 H1 是一致的。

我们再看一些控制变量的系数，如表 2-2 的面板 A 所示。我们发现，在整个避税分布中，小公司始终从事更多的避税活动。这一结果与 Zimmerman（1983）、Slemrod（2004）以及 Cai 和 Liu（2009）的结论相似。我们还发现，非独立董事的比例与避税行为之间的关系在避税分布的左尾部是显著的负数，而在右尾部是正数。这一结果表明，当一个公司的独立董事比例较低时，即使在低避税水平上也会进一步减少避税行为，即使在高避税水平上也会增加避税行为。这一结果与 Armstrong 等（2015）的结论一致。此外，面板 A 中 State 的系数表明，在大多数数量级上，国有企业比私营企业避税行为更多，这与 Tang（2016）的结论一致。

为了给 H1 提供更多的支持，我们研究了四分位数之间的变动，以描绘出关于 Returnee directors 对公司选择避税水平的影响的全貌。首先，我们把每个行业内的公司按当年和前一年的避税情况分为十等分。其次，我们对当前的避税分位数与之前的避税分位数以及最后的避税分位数与海归董事之间的互动关系进行回归，回归结果见表 2-2 的面板 B。第 1 栏显示，在控制了这些

---

[①] 不使用工具变量的结果是类似的。

## 表 2-2 海归董事与企业避税

**面板 A：工具变量分位数回归**

IDV  DV=Residual book-tax gap with industry-sized adjustment, n=12966

| 分位数 | 0.10 | 0.20 | 0.30 | 0.40 | 0.50 | 0.60 | 0.70 | 0.80 | 0.90 |
|---|---|---|---|---|---|---|---|---|---|
| Returnee directors | 0.0860*** | 0.0485** | 0.0061 | −0.0084 | −0.0273** | −0.0519*** | −0.0783*** | −0.0963*** | −0.1230*** |
|  | (3.14) | (2.31) | (0.34) | (−0.65) | (−2.28) | (−2.76) | (−4.65) | (−3.92) | (−5.45) |
| Foreign ownership | −0.0160 | −0.0052 | 0.0055 | 0.0181*** | 0.0250*** | 0.0346*** | 0.0420*** | 0.0437*** | 0.0485*** |
|  | (−1.18) | (−0.49) | (0.75) | (3.87) | (5.20) | (5.63) | (6.54) | (5.47) | (6.28) |
| Block | −0.0003 | 0.0005 | 0.0009 | 0.0008 | 0.0005 | 0.0000 | −0.0001 | −0.0034** | −0.0054* |
|  | (−0.07) | (0.19) | (0.41) | (0.45) | (0.31) | (0.02) | (−0.04) | (−2.05) | (−1.69) |
| State | 0.0028** | 0.0017** | 0.0012 | 0.0013* | 0.0012 | 0.0013 | 0.0003 | 0.0003 | 0.0005 |
|  | (2.33) | (1.97) | (1.28) | (1.85) | (1.55) | (1.63) | (0.38) | (0.29) | (0.46) |
| Firm size | −0.0121*** | −0.0086*** | −0.0060*** | −0.0050*** | −0.0044*** | −0.0039*** | −0.0035*** | −0.0037*** | −0.0031*** |
|  | (−12.35) | (−13.40) | (−12.07) | (−10.64) | (−13.22) | (−6.96) | (−6.20) | (−5.05) | (−4.36) |
| Leverage | 0.0296*** | 0.0188*** | 0.0156*** | 0.0139*** | 0.0131*** | 0.0145*** | 0.0142*** | 0.0153*** | 0.0115*** |
|  | (5.82) | (7.33) | (7.86) | (7.07) | (7.82) | (10.37) | (8.53) | (8.26) | (5.06) |
| ROA | 0.7256*** | 0.7537*** | 0.7681*** | 0.7723*** | 0.7692*** | 0.7724*** | 0.7606*** | 0.7449*** | 0.7338*** |
|  | (42.32) | (82.80) | (81.78) | (118.49) | (93.11) | (106.07) | (106.12) | (111.63) | (82.15) |
| Intangible | 0.0101 | 0.0091 | 0.0047 | 0.0003 | 0.0060 | 0.0073* | 0.0132*** | 0.0178** | 0.0259*** |
|  | (1.01) | (1.23) | (0.98) | (0.07) | (1.41) | (1.65) | (2.82) | (2.08) | (2.85) |
| Cash | −0.0033 | −0.0068* | −0.0004 | 0.0027 | 0.0049** | 0.0083*** | 0.0119*** | 0.0185*** | 0.0198*** |
|  | (−0.77) | (−1.94) | (−0.15) | (1.37) | (2.06) | (3.68) | (3.97) | (5.87) | (6.64) |

**面板 A: 工具变量分位数回归**

| 分位数 | 0.10 | 0.20 | 0.30 | 0.40 | 0.50 | 0.60 | 0.70 | 0.80 | 0.90 |
|---|---|---|---|---|---|---|---|---|---|
| Female director | −0.0015 | −0.0065 | −0.0069*** | −0.0061*** | −0.0032 | −0.0040* | −0.0050* | −0.0057* | −0.0065* |
|  | (−0.24) | (−1.64) | (−2.68) | (−2.69) | (−1.49) | (−1.76) | (−1.86) | (−1.90) | (−1.68) |
| Director tenure | 0.0000 | −0.0012** | −0.0007 | −0.0007 | −0.0003 | −0.0002 | −0.0004 | −0.0001 | 0.0000 |
|  | (0.02) | (−1.99) | (−1.44) | (−1.26) | (−0.52) | (−0.42) | (−0.50) | (−0.13) | (0.02) |
| Director age | −0.0001 | 0.0000 | −0.0001* | −0.0001 | −0.0001 | −0.0000 | −0.0000 | −0.0000 | −0.0002** |
|  | (−0.66) | (0.33) | (−1.65) | (−0.94) | (−0.84) | (−0.02) | (−0.42) | (−0.16) | (−2.31) |
| Foreign director | −0.0636** | −0.0222 | 0.0162 | 0.0255 | 0.0413*** | 0.0709*** | 0.0919*** | 0.1177*** | 0.1443*** |
|  | (−2.00) | (−0.8) | (0.66) | (1.52) | (2.67) | (3.35) | (4.14) | (4.30) | (4.42) |
| Nonindependent director | −0.0082*** | −0.0048** | −0.0035** | −0.0013 | −0.0007 | 0.0001 | 0.0022 | 0.0032 | 0.0015 |
|  | (−2.95) | (−2.55) | (−1.99) | (−1.04) | (−0.46) | (0.09) | (1.17) | (1.38) | (0.68) |
| Intercept | 0.2537*** | 0.1696*** | 0.1126*** | 0.0837*** | 0.0678*** | 0.0485*** | 0.0381*** | 0.0350*** | 0.0278** |
|  | (16.16) | (15.28) | (12.25) | (10.31) | (9.24) | (4.36) | (3.43) | (2.64) | (2.34) |
| Province fixed effect | Yes | Yes | Yes | Yes | Yes | Yes | Yes | Yes | Yes |
| Pseudo $R^2$ | 0.3827 | 0.4052 | 0.4052 | 0.3972 | 0.3850 | 0.3700 | 0.3510 | 0.3278 | 0.2971 |

假设检验

| | t stat | p value |
|---|---|---|
| (Q 0.10) Returnee directors = (Q 0.90) Returnee directors | 32.42*** | 0.0000 |
| (Q 0.20) Returnee directors = (Q 0.80) Returnee directors | 40.99*** | 0.0000 |
| (Q 0.30) Returnee directors = (Q 0.70) Returnee directors | 21.12*** | 0.0000 |
| (Q 0.40) Returnee directors = (Q 0.60) Returnee directors | 9.44*** | 0.0021 |

(续表)

## 2 海归董事与公司税务管理

(续表)

**面板 B：跨分位数移动**

2SLS DV=Quantile of residual book-tax gap with industry-sized adjustment, n=10906

| 独立变量 | (1) | (2) |
| --- | --- | --- |
| Lagged quantile | 0.1170*** | 0.2321*** |
|  | (9.22) | (7.06) |
| Returnee directors | −4.4201 | 2.4992 |
|  | (−1.53) | (0.77) |
| Lagged quantile 3 returnee directors |  | −1.0499*** |
|  |  | (−3.81) |
| Controls | Yes | Yes |
| Firm fixed effect | Yes | Yes |
| # of firms | 1839 | 1839 |
| Adjusted $R^2$ | 0.2942 | 0.2794 |

注：考虑内生性，面板 A 报告了带工具变量的二阶段分位数回归。回归方程如下：

$Tax\ avoidance_{i,t} = \beta_0 + \beta_1\ Returnee\ directors_{i,t-1} + \beta_2\ Foreign\ ownership_{i,t} + \beta_3\ Block_{i,t} + \beta_4\ State_{i,t} + \beta_5\ Firm\ size_{i,t} + \beta_6\ Leverage_{i,t} + \beta_7\ ROA_{i,t} + \beta_8\ Intangible_{i,t} + \beta_9\ Cash_{i,t} + \beta_{10}\ Female\ director_{i,t} + \beta_{11}\ Director\ tenure_{i,t-1} + \beta_{12}\ Director\ age_{i,t-1} + \beta_{13}\ Foreign\ director_{i,t-1} + \beta_{14}\ Nonindependent\ director_{i,t-1} + \varepsilon_{i,t}$。

面板 B 报告了第二阶段，对当前账面—税收差距分位数对前一年避税分位数、海归董事以及它们之间的交互作用的 2SLS 回归的第二阶段。对于面板 A，t 统计量和 p 值报告了对不同量级系数之间差异的检验。

2SLS（Two-stage least squares）为二阶段最小平方；DV（Dependent variable）为因变量；IDV（Independent variable）为自变量。

公司和董事会层面的变量后,最后一个避税分位数的系数为正,且小于1。这个系数意味着企业的避税水平趋于平均。这一结果意味着,前一年避税排名相对较高的公司在下一年的避税排名往往较低,因为上一年的避税率与长期平均数之间的正向距离被乘以一个小于1的系数。同样,避税排名相对较低的企业在下一年度往往有较高的避税额度。

在第2栏中,交互项的系数是负的,当上一年海归董事的比例相对较高时,前一个避税量级的有效系数相对较小。这一结果意味着,当海归董事的比例相对较高时,避税四分位数向平均值转换的效应更显著。因此,当 Returnee directors 相对较高时,企业更有可能从高避税量级转向低避税量级。同样地,当 Returnee directors 相对较低时,企业更有可能从低避税量级转到高避税量级。结果表明,海归董事会根据当前的避税水平"移动"公司的避税行为所在的区间,这与H1是一致的。

我们进一步研究了这种关系在不同类型的企业中是如何变化的。首先,在表2-3的面板A中,我们测试了海归董事对避税行为的影响在国有企业和非国有企业之间是否有差异。我们构建了一个虚拟变量 SOE,如果公司的最终控股股东在CSMAR数据库中被标记为"中央政府""地方政府"或"国有企业",则 SOE 等于1。接着,我们对避税行为、Returnee directors、SOE 以及 Returnee directors 和 SOE 的交互项进行分位数回归。如表2-3面板A所示,Returnee directors 的系数显示出存在一个稳健的趋势。它在第10个百分点上是显著的正数(0.0857),在第90个百分点上是显著的负数(-0.1459)。第10个百分位数和第90个百分位数的相互作用系数之间的差异在统计学上是显著的,$p$ 值为0.0000。海归董事对避税行为的影响在国有企业比在非国有企业更强,表明他们可以帮助国有企业选择更有效的避税方式。这些结果支持了H2a的猜想。

然后,我们考虑海归董事的三个特征:第一,他们是否拥有MBA学位。我们研究拥有MBA学位的海归董事是否会促进海归董事对避税行为的影响。如前所述,拥有MBA学位的海归董事被定义为拥有MBA学位的海归董事人数除以董事总人数;没有MBA学位的海归董事则被定义为没有MBA学位的海归董事人数除以董事总人数。我们用这两个变量来代替原始变量 Returnee directors。表2-3面板B的结果显示,Returnee directors 和避税行为之间的关系由拥有MBA学位的董事所加强。

表 2-3 来自不同类型公司和海归董事的证据

**面板 A: 海归董事对国有和非国有企业的影响**

| 分位数 | 0.10 | 0.20 | 0.30 | 0.40 | 0.50 | 0.60 | 0.70 | 0.80 | 0.90 |
|---|---|---|---|---|---|---|---|---|---|
| *IDV DV*=Residual book-tax gap with industry-sized adjustment, n=12935 | | | | | | | | | |
| Returnee directors | 0.0857** | 0.0357* | −0.0031 | −0.0151 | −0.0384*** | −0.0778*** | −0.1025*** | −0.1164*** | −0.1459*** |
|  | (2.42) | (1.85) | (−0.24) | (−1.18) | (−3.59) | (−4.54) | (−7.60) | (−5.74) | (−7.09) |
| Returnee directors * *SOE* | 0.0255*** | 0.0175*** | 0.0132*** | 0.0050 | 0.0017 | 0.0012 | −0.0028 | −0.0055 | −0.0174*** |
|  | (4.35) | (3.86) | (3.03) | (1.22) | (0.44) | (0.28) | (−0.69) | (−0.99) | (−2.69) |
| *SOE* | −0.0011 | −0.0014 | −0.0015* | −0.0006 | −0.0014 | −0.0021* | −0.0028*** | −0.0026*** | −0.0010 |
|  | (−0.51) | (−1.03) | (−1.92) | (−0.58) | (−1.62) | (−1.94) | (−3.00) | (−2.59) | (−1.06) |
| 控制变量 | Yes | Yes | Yes | Yes | Yes | Yes | Yes | Yes | Yes |
| 省固定效应 | Yes | Yes | Yes | Yes | Yes | Yes | Yes | Yes | Yes |
| *Pseudo R²* | 0.3866 | 0.4080 | 0.4074 | 0.3988 | 0.3864 | 0.3711 | 0.3525 | 0.3295 | 0.2996 |
| 假设检验 | | | | | | | *t* stat | *p* value | |
| (Q 0.10) *Returnee directors* = (Q 0.90) *Returnee directors* | | | | | | | 27.00*** | 0.0000 | |
| (Q 0.20) *Returnee directors* = (Q 0.80) *Returnee directors* | | | | | | | 64.15*** | 0.0000 | |
| (Q 0.30) *Returnee directors* = (Q 0.70) *Returnee directors* | | | | | | | 54.36*** | 0.0000 | |
| (Q 0.40) *Returnee directors* = (Q 0.60) *Returnee directors* | | | | | | | 26.03*** | 0.0000 | |
| (Q 0.10) *Returnee directors* * *SOE* = (Q 0.90) *Returnee directors* * *SOE* | | | | | | | 45.11*** | 0.0002 | |
| (Q 0.20) *Returnee directors* * *SOE* = (Q 0.80) *Returnee directors* * *SOE* | | | | | | | 13.69*** | 0.0001 | |
| (Q 0.30) *Returnee directors* * *SOE* = (Q 0.70) *Returnee directors* * *SOE* | | | | | | | 14.55*** | 0.2010 | |
| (Q 0.40) *Returnee directors* * *SOE* = (Q 0.60) *Returnee directors* * *SOE* | | | | | | | 1.64 | | |

(续表)

**面板 B: 有无 MBA 学位的海归董事的影响**

| 分位数 | 0.10 | 0.20 | 0.30 | 0.40 | 0.50 | 0.60 | 0.70 | 0.80 | 0.90 |
|---|---|---|---|---|---|---|---|---|---|
| IDV DV=Residual book-tax gap with industry-sized adjustment, n=12966 | | | | | | | | | |
| Returnee directors with MBA degrees | 1.3798** | 0.1092 | −0.5438 | −1.1570*** | −1.2988*** | −1.9945*** | −2.5511*** | −3.1136*** | −3.6965*** |
|  | (1.97) | (0.22) | (−1.57) | (−3.51) | (−3.82) | (−5.60) | (−9.19) | (−10.98) | (2, −8.31) |
| Returnee directors without MBA degrees | 0.0852 | 0.0408 | 0.0774** | 0.1405*** | 0.1351*** | 0.2010*** | 0.2416*** | 0.3096*** | 0.3403*** |
|  | (−1.16) | (0.62) | (1.99) | (3.39) | (3.63) | (4.44) | (6.53) | (7.33) | (6.19) |
| Control variables | Yes | Yes | Yes | Yes | Yes | Yes | Yes | Yes | Yes |
| 省固定效应 | Yes | Yes | Yes | Yes | Yes | Yes | Yes | Yes | Yes |
| 分位数 | 0.10 | 0.20 | 0.30 | 0.40 | 0.50 | 0.60 | 0.70 | 0.80 | 0.90 |
| Returnee directors with MBA degrees = Returnee directors without MBA degrees | 3.65* | 0.01 | 2.66 | 12.35*** | 14.54*** | 30.35*** | 80.93*** | 114.15*** | 65.82*** |
| Pseudo $R^2$ | 0.3830 | 0.4052 | 0.4053 | 0.3975 | 0.3855 | 0.3710 | 0.3530 | 0.3305 | 0.3012 |
| 假设检验 | | | | | | | $t$ stat | $p$ value | |
| (Q 0.10) Returnee directors with MBA degrees = (Q 0.90) Returnee directors with MBA degrees | | | | | | | 34.76*** | 0.0000 | |
| (Q 0.20) Returnee directors with MBA degrees = (Q 0.80) Returnee directors with MBA degrees | | | | | | | 34.60*** | 0.0000 | |
| (Q 0.30) Returnee directors with MBA degrees = (Q 0.70) Returnee directors with MBA degrees | | | | | | | 26.71*** | 0.0000 | |
| (Q 0.40) Returnee directors with MBA degrees = (Q 0.60) Returnee directors with MBA degrees | | | | | | | 12.46*** | 0.0004 | |
| (Q 0.10) Returnee directors without MBA degrees = (Q 0.90) Returnee directors without MBA degrees | | | | | | | 23.27*** | 0.0000 | |
| (Q 0.20) Returnee directors without MBA degrees = (Q 0.80) Returnee directors without MBA degrees | | | | | | | 14.01*** | 0.0002 | |
| (Q 0.30) Returnee directors without MBA degrees = (Q 0.70) Returnee directors without MBA degrees | | | | | | | 10.62*** | 0.0011 | |
| (Q 0.40) Returnee directors without MBA degrees = (Q 0.60) Returnee directors without MBA degrees | | | | | | | 2.68 | 0.1016 | |

(续表)

面板 C: 有无会计—审计背景的海归董事的影响

| 分位数 | 0.10 | 0.20 | 0.30 | 0.40 | 0.50 | 0.60 | 0.70 | 0.80 | 0.90 |
|---|---|---|---|---|---|---|---|---|---|
| IDV DV=Residual book-tax gap with industry-sized adjustment, n=12966 | | | | | | | | | |
| Returnee directors with A-A background | 0.4423*** | −0.0192 | −0.1172 | −0.2488*** | −0.3444*** | −0.5131*** | −0.6929*** | −0.8411*** | −0.9657*** |
| | (3.73) | (−0.14) | (−1.30) | (−2.83) | (−4.79) | (−5.41) | (−7.78) | (−11.25) | (−9.46) |
| Returnee directors without A-A background | 0.0029 | 0.0558* | 0.0295 | 0.0434** | 0.0340*** | 0.0573*** | 0.0672*** | 0.0781*** | 0.0597* |
| | (0.07) | (1.84) | (1.16) | (2.38) | (2.61) | (2.87) | (2.56) | (3.13) | (1.90) |
| Control variables | Yes | Yes | Yes | Yes | Yes | Yes | Yes | Yes | Yes |
| 省固定效应 | Yes | Yes | Yes | Yes | Yes | Yes | Yes | Yes | Yes |
| Returnee directors with A-A background = Returnee directors without A-A background | 10.20*** | 0.24 | 1.84 | 8.18*** | 24.07*** | 28.13*** | 48.09*** | 98.09*** | 65.57*** |
| Pseudo $R^2$ | 0.3830 | 0.4053 | 0.4053 | 0.3975 | 0.3855 | 0.3710 | 0.3528 | 0.3305 | 0.3010 |

假设检验 | | | | | t stat | p value |
|---|---|
| (Q 0.10) Returnee directors with A-A background = (Q 0.90) Returnee directors with A-A background | 94.42*** | 0.0000 |
| (Q 0.20) Returnee directors with A-A background = (Q 0.80) Returnee directors with A-A background | 26.21*** | 0.0000 |
| (Q 0.30) Returnee directors with A-A background = (Q 0.70) Returnee directors with A-A background | 18.12*** | 0.0000 |
| (Q 0.40) Returnee directors with A-A background = (Q 0.60) Returnee directors with A-A background | 6.61** | 0.0102 |
| (Q 0.10) Returnee directors without A-A background = (Q 0.90) Returnee directors without A-A background | 1.15 | 0.2828 |
| (Q 0.20) Returnee directors without A-A background = (Q 0.80) Returnee directors without A-A background | 0.35 | 0.5553 |
| (Q 0.30) Returnee directors without A-A background = (Q 0.70) Returnee directors without A-A background | 0.79 | 0.3726 |
| (Q 0.40) Returnee directors without A-A background = (Q 0.60) Returnee directors without A-A background | 0.23 | 0.6350 |

**面板 D: 海归独立董事的作用**

IDV　DV=Residual book-tax gap with industry-sized adjustment, n=12966

| 分位数 | 0.10 | 0.20 | 0.30 | 0.40 | 0.50 | 0.60 | 0.70 | 0.80 | 0.90 |
|---|---|---|---|---|---|---|---|---|---|
| Independent returnee directors | 0.1846*** | 0.0170 | 0.0005 | −0.0377** | −0.0679*** | −0.1042*** | −0.1585*** | −0.1975*** | −0.2385*** |
|  | (3.65) | (0.48) | (0.02) | (−2.05) | (−3.50) | (−5.92) | (−9.25) | (−8.27) | (−8.98) |
| Independent local directors | 0.0335*** | 0.0147*** | 0.0045 | −0.0019 | −0.0084*** | −0.0160*** | −0.0253*** | −0.0303*** | −0.0396*** |
|  | (3.97) | (2.67) | (1.29) | (−0.54) | (−2.72) | (−4.05) | (−6.35) | (−6.45) | (−11.55) |
| Nonindependent returnee directors | 0.0184 | 0.1056** | 0.0211 | 0.0251 | 0.0043 | −0.0098 | −0.0167 | 0.0104 | −0.0303 |
|  | (0.30) | (2.51) | (0.64) | (1.16) | (0.16) | (−0.25) | (−0.38) | (0.25) | (−0.85) |
| 控制变量 | Yes | Yes | Yes | Yes | Yes | Yes | Yes | Yes | Yes |
| 省固定效应 | Yes | Yes | Yes | Yes | Yes | Yes | Yes | Yes | Yes |
| Independent returnee directors = Independent local directors | 11.99*** | 0.01 | 0.03 | 5.16** | 12.14*** | 33.94*** | 78.24*** | 64.25*** | 66.89*** |
| Independent returnee directors = Nonindependent returnee directors | 3.82* | 2.10 | 0.18 | 5.07** | 3.97** | 5.11** | 8.87*** | 17.28*** | 14.31*** |
| Pseudo R² | 0.3833 | 0.4054 | 0.405 | 0.3973 | 0.3852 | 0.3704 | 0.3520 | 0.3293 | 0.2992 |

| 假设检验 | t stat | p value |
|---|---|---|
| (Q 0.10) Independent returnee directors = (Q 0.90) Independent returnee directors | 84.06*** | 0.0000 |
| (Q 0.20) Independent returnee directors = (Q 0.80) Independent returnee directors | 43.80*** | 0.0000 |
| (Q 0.30) Independent returnee directors = (Q 0.70) Independent returnee directors | 45.43*** | 0.0000 |
| (Q 0.40) Independent returnee directors = (Q 0.60) Independent returnee directors | 19.05*** | 0.0000 |

（续表）

（续表）

| 分位数 | 0.10 | 0.20 | 0.30 | 0.40 | 0.50 | 0.60 | 0.70 | 0.80 | 0.90 |
|---|---|---|---|---|---|---|---|---|---|
| (Q 0.10) Independent local director = (Q 0.90) Independent local director | | | | | | | 74.13*** | 0.0000 | |
| (Q 0.20) Independent local director = (Q 0.80) Independent local director | | | | | | | 58.24*** | 0.0000 | |
| (Q 0.30) Independent local director = (Q 0.70) Independent local director | | | | | | | 48.49*** | 0.0000 | |
| (Q 0.40) Independent local director = (Q 0.60) Independent local director | | | | | | | 20.11*** | 0.0000 | |
| (Q 0.10) Nonindependent returnee directors = (Q 0.90) Nonindependent returnee directors | | | | | | | 0.47 | 0.4949 | |
| (Q 0.20) Nonindependent returnee directors = (Q 0.80) Nonindependent returnee directors | | | | | | | 5.02** | 0.0250 | |
| (Q 0.30) Nonindependent returnee directors = (Q 0.70) Nonindependent returnee directors | | | | | | | 0.87 | 0.3523 | |
| (Q 0.40) Nonindependent returnee directors = (Q 0.60) Nonindependent returnee directors | | | | | | | 1.26 | 0.2624 | |

注：面板 A 显示了 IV 分位数回归结果，检验了国有企业和私营企业中、海归董事对行业—规模调整后的剩余账面—税收差距的影响是否不同。面板 B 报告了具有 MBA 学位的海归董事对行业—规模调整后的剩余账面—税收差距的 IV 分位数回归估计。面板 C 显示了具有会计或审计背景的海归董事对行业—规模调整后的剩余账面—税收差距的 IV 量化回归估计。面板 D 报告了海归独立董事、独立本地董事和非独立海归董事对行业—规模调整后的剩余账面—税额差距的 IV 分位数回归估计。所有量化回归包括各种控制变量、省固定效应和一个常数参数，其系数未在本表中列出。对于分位数之间系数差异的检验，本表报告了双侧 t 统计量和 p 值。SOE 为国有企业（State-owned enterprises）。

当避税水平较低时，拥有 MBA 学位的海归董事的影响是正的，当避税水平较高时则是负的。在第 10 个百分点，拥有 MBA 学位的海归董事的系数为 1.3798，在第 90 个百分点上的系数为 -3.6965，在统计学上也很显著。F 检验显示，在 0.1 和 0.9 量级之间，Returnee directors with MBA degree 的系数有明显的差异。在 0.2 和 0.8 量级之间，在 0.3 和 0.7 量级之间，或者在 0.4 和 0.6 量级之间，系数的差异也比较明显。相比之下，Returnee directors without MBA degrees 的影响是正的，而且在大多数量级上是显著的。然而，其系数要小得多，这意味着没有 MBA 学位的海归董事的影响在经济上没有那么重要。Returnee directors without MBA degrees 在大多数量级上与避税行为正相关的证据可能意味着，没有经过适当商业培训的海归董事更倾向于增加避税行为，而不管避税水平如何。总的来说，这些结果显示，拥有 MBA 学位的海归董事强化了海归董事的国外经验与避税行为之间的关系。相比之下，那些没有 MBA 学位的海归董事影响较小，甚至是反向影响。这些结果支持了 H2b 的猜想。

第二，他们是否有会计或审计背景或在相关领域工作过。如前所述，我们将具有会计或审计背景的海归董事定义为具有会计或审计背景的海归董事的数量除以董事总人数；没有会计或审计背景的海归董事则定义为没有这种背景的海归董事的数量除以董事总人数。然后，我们在量化回归中用这两个变量来代替 Returnee directors。这两个变量的系数可以显示哪些董事强化了海归董事和避税行为之间的关系。这些结果在表 2-3 的面板 C 中列出。Returnee directors with A-A background 在第 10 个百分点上的系数为 0.4423，在第 90 个百分点上的系数为 -0.9657，这两个系数之间的差异是有统计学意义的，$p$ 值为 0.0000。Returnee directors without A-A background 的系数在第 10 个百分点上是 0.0029，在第 90 个百分点上是 0.0597，这些系数之间的差异并不具有统计学意义，$p$ 值为 0.2828。上述结果表明，前一系数相比后一系数更显著。此外，Returnee directors with A-A background 的系数在避税率低的量级上为正，在避税率高的量级上为负，这与海归董事的系数相似。相比之下，没有会计或审计背景的海归董事相关系数并非如此。这些结果与 H2c 一致。

第三，他们是否是独立董事。我们构建了独立海归董事和非独立海归董事这两个变量。如前所述，我们将前者定义为非公司雇员的海归董事的数量除以董事总人数；将后者定义为身为公司雇员的海归董事的数量除以董事总人数。这两个变量的总和就是最初的 Returnee directors 这个变量。然后，我们构建独立本地董事这个变量，它是指不是公司雇员的非海归董事的数量除以董事总人数。在避税的回归中，我们用 Independent returnee directors、Independent local directors 和 Nonindependent returnee directors 这三个变量取代原来的变量，并重新估计回归结果，见表 2-3 的面板 D。第 10 个百分点上的 Independent returnee directors 的系数（0.1846）为正，而第 90 个百分点上的系数（−0.2385）为负。第 10 个和第 90 个百分点上的系数之间差异具有统计学意义，$p$ 值为 0.0000。Nonindependent returnee directors 在第 90 个百分点（−0.0303）和第 10 个百分点（0.0184）上的系数差异没有统计学意义，$p$ 值为 0.4949。这说明，独立海归董事在低避税水平上对避税有积极影响，在高避税水平上对避税有消极影响。同时，非独立海归董事在几乎所有避税水平上都产生了不明显的影响。表 2-3 中的 $F$ 检验显示，这些影响的差异对大多数量级都有统计学意义。

结果还显示，独立海归董事和独立本地董事的影响有类似的趋势。当避税率相对较低时，这两类董事都会增加避税，而当避税率相对较高时，会减少避税。独立海归董事的影响程度要比独立本地董事的影响程度大。如果说独立本地董事显示出传统意义上的独立性，那么这些结果表明，独立海归董事的重要性超出了传统意义上的独立本地董事。总的来说，海归董事的独立性可以潜在地改变避税水平。这些结果支持 H2d 的猜想。

## 五、稳健性检验

我们通过多种方法对数据分析结果进行稳健性检验。

首先，使用另一种衡量避税的方法——ETR（即所得税支出除以调整后的总利润[①]的比率）来代替剩余账面—税收差距，以验证结论的稳健性。

其次，剔除没有任命海归董事的公司样本，使留在控制组中的公司经历

---

[①] 调整后的总利润是实际总利润减去递延利润，递延利润即递延税款除以法定税率（Stickney & McGee，1982）。

与聘请了具有国外经验的海归董事的公司类似的冲击。此外，我们还将样本限制在整个样本期一直存在的公司里，从而构建一个平衡的面板数据，以排除公司进入和退出所产生的影响，进而提高估计的一致性。

再次，为了减轻遗漏变量即政治关系对研究结果的潜在影响（Adhikari et al.，2006；Tang，2016；Wu et al.，2012），我们又增加了政治相关的 CEO（Political CEO）①作为控制变量，并重新估计回归结果。

最后，由于我们将避税看作企业风险活动的一种类型，海归董事和避税行为之间的关系可能与海归董事和其他企业风险活动之间的关系类似。因此，我们进一步通过测量公司的资本支出（CAPEX）来分析海归董事这一变量可能产生的影响。当资本支出过低时，拥有更多海归董事的公司更有可能增加资本支出，而当资本支出过高时，则会减少资本支出。这些结果表明，具有国外经验的海归董事在公司的其他风险决策中起到了有效的监督作用，提高了本章有关避税行为分析结论的显著性。

# 六、结　　论

本章研究了流动的个人，如海归董事，是否以及如何影响公司的避税行为，使一些国家的公司避税行为影响其他国家。研究结果显示，当避税水平过低时，海归董事可以引导企业增加避税行为，而当避税水平过高时，他们可以减少避税行为。为了对这一假设进行实证研究，我们使用分位数回归来评估海归董事与避税分布中不同部分的避税行为之间的关系。本章还使用了一个在中国的自然实验。从 20 世纪 90 年代开始，中国通过制定省级政策来吸引回国人员，这对回国人员提供了外生冲击。

通过使用 IV 分位回归，我们发现，当避税率远低于其行业—规模—年份的平均值时，拥有更多海归董事的公司倾向于增加避税行为，而当避税率远高于其行业—规模—年份的平均值时，则倾向于减少避税行为。

---

① Political CEO 是一个虚拟变量，以董事总人数进行缩放，如果公司的 CEO 在人大、政协工作或曾经工作过，或者曾经做过或正在做政府顾问相关的工作，这个变量就被赋值为 1。

进一步分析表明，这一关系在国有企业中强于非国有企业，拥有 MBA 学位的海归董事、具有会计或审计背景的海归董事或独立海归董事的影响强于其他海归董事。总的来说，在海外学习或工作后归来的管理层精英将国外的企业避税做法传递给原籍国的公司。我们强调董事会在监督公司避税行为方面的重要作用。需要说明的是，由于很难排除所有可能的混杂因素和选择问题，这对我们的结果产生了一定影响。

 **参考文献**

[1] Abadie A, Angrist J, Imbens G. Instrumental Variables Estimates of the Effect of Subsidized Training on the Quantiles of Trainee Earnings [J]. *Econometrica*, 2002, 70 (1).

[2] Adhikari A, Derashid C, Zhang H. Public Policy, Political Connections, and Effective Tax Rates: Longitudinal Evidence from Malaysia [J]. *Journal of Accounting and Public Policy*, 2006, 25 (5).

[3] Angrist J D, Pischke J S. *Mostly Harmless Econometrics: An Empiricist's Companion* [M]. Princeton University Press, 2008.

[4] Armstrong C S, Blouin J L, Jagolinzer A D, et al. Corporate Governance, Incentives, and Tax Avoidance [J]. *Journal of Accounting and Economics*, 2015, 60 (1).

[5] Armstrong C S, Blouin J L, Larcker D F. The Incentives for Tax Planning [J]. *Journal of Accounting and Economics*, 2012, 53 (1-2).

[6] Bame-Aldred C W, Cullen J B, Martin K D, et al. National Culture and Firm-level Tax Evasion [J]. *Journal of Business Research*, 2013, 66 (3).

[7] Blouin J L, Collins J H, Shackelford D A. Does Acquisition by Non-US Shareholders Cause US Firms to Pay Less Tax? [J]. *Journal of the American Taxation Association*, 2005, 27 (1).

[8] Braguinsky S, Mityakov S. Foreign Corporations and the Culture of Transparency: Evidence from Russian Administrative Data [J]. *Journal of Financial Economics*, 2015, 117 (1).

[9] Cai H, Liu Q. Competition and Corporate Tax Avoidance: Evidence from Chinese Industrial Firms [J]. The Economic Journal, 2009, 119 (537).

[10] Chernozhukov V, Hansen C. An IV Model of Quantile Treatment Effects [J]. Econometrica, 2005, 73 (1).

[11] Chesher A. Identification in Nonseparable Models [J]. Econometrica, 2003, 71 (5).

[12] Chyz J A, Gaertner F B. Can Paying "Too Much" or "Too Little" Tax Contribute to Forced CEO Turnover? [J]. The Accounting Review, 2018, 93 (1).

[13] Clarke D C. The Independent Director in Chinese Corporate Governance [J]. Social Science Electronic Publishing, 2006, 31.

[14] DeBacker J, Heim B T, Tran A. Importing Corruption Culture from Overseas: Evidence from Corporate Tax Evasion in the United States [J]. Journal of Financial Economics, 2015, 117 (1).

[15] Desai M A. The Divergence Between Book Income and Tax Income [J]. Tax Policy and the Economy, 2003, 17.

[16] Desai M A, Dharmapala D. Corporate Tax Avoidance and High-powered Incentives [J]. Journal of Financial Economics, 2006, 79 (1).

[17] Desai M A, Dharmapala D. Earnings Management, Corporate Tax Shelters, and Book-tax Alignment [J]. National Tax Journal, 2009, 62 (1).

[18] Dyreng S D, Hanlon M, Maydew E L. The Effects of Executives on Corporate Tax Avoidance [J]. The Accounting Review, 2010, 85 (4).

[19] Frank M M, Lynch L J, Rego S O. Tax Reporting Aggressiveness and Its Relation to Aggressive Financial Reporting [J]. The Accounting Review, 2009, 84 (2).

[20] Frölich M, Melly B. Unconditional Quantile Treatment Effects under Endogeneity [J]. Journal of Business & Economic Statistics, 2013, 31 (3).

[21] Giannetti M, Liao G, Yu X. The Brain Gain of Corporate Boards:

Evidence from China [J]. *The Journal of Finance*, 2015, 70 (4).

[22] Gul F A, Kim J B, Qiu A A. Ownership Concentration, Foreign Shareholding, Audit Quality, and Stock Price Synchronicity: Evidence from China [J]. *Journal of Financial Economics*, 2010, 95 (3).

[23] Hanlon M. The Persistence and Pricing of Earnings, Accruals, and Cash Flows When Firms Have Large Book-tax Differences [J]. *The Accounting Review*, 2005, 80 (1).

[24] Hanlon M, Heitzman S. A Review of Tax Research [J]. *Journal of Accounting and Economics*, 2010, 50 (2-3).

[25] Healy P M. The Effect of Bonus Schemes on Accounting Decisions [J]. *Journal of Accounting and Economics*, 1985, 7 (1-3).

[26] Jiang W, Wan H, Zhao S. Reputation Concerns of Independent Directors: Evidence from Individual Director Voting [J]. *The Review of Financial Studies*, 2016, 29 (3).

[27] Kaplan D M, Sun Y. Smoothed Estimating Equations for Instrumental Variables Quantile Regression [J]. *Econometric Theory*, 2017, 33 (1).

[28] Knyazeva A, Knyazeva D, Masulis R W. The Supply of Corporate Directors and Board Independence [J]. *The Review of Financial Studies*, 2013, 26 (6).

[29] Lanis R, Richardson G. The Effect of Board of Director Composition on Corporate Tax Aggressiveness [J]. *Journal of Accounting and Public Policy*, 2011, 30 (1).

[30] Lee S. Endogeneity in Quantile Regression Models: A Control Function Approach [J]. *Journal of Econometrics*, 2007, 141 (2).

[31] Lev B, Nissim D. Taxable Income, Future Earnings, and Equity Values [J]. *The Accounting Review*, 2004, 79 (4).

[32] Manzon Jr G B, Plesko G A. The Relation Between Financial and Tax Reporting Measures of Income [J]. *Tax Law Review*, 2002, 55.

[33] Mao, D, Zhou, D, & Wang, X. The Governance Effect of Compensation Committee on Compensation Contract Effectiveness: Empirical Evi-

dence from A-share Listed Companies 2002-2010 [J]. *Review of Investment Studies*, 2012, 31 (9).

[34] Minnick K, Noga T. Do Corporate Governance Characteristics Influence Tax Management? [J]. *Journal of Corporate Finance*, 2010, 16 (5).

[35] Naughton B. *Growing out of the Plan: Chinese Economic Reform, 1978-1993* [M]. Cambridge University Press, 1995.

[36] Phillips J D. Corporate Tax-planning Effectiveness: The Role of Compensation-based Incentives [J]. *The Accounting Review*, 2003, 78 (3).

[37] Plesko G A. Reconciling Corporation Book and Tax Net Income, Tax Years 1996-1998 [J]. *Statistics of Income: SOI Bulletin*, 2002, 21 (4).

[38] Rego S O, Wilson R. Equity Risk Incentives and Corporate Tax Aggressiveness [J]. *Journal of Accounting Research*, 2012, 50 (3).

[39] Richardson G. Determinants of Tax Evasion: A Cross-country Investigation [J]. *Journal of International Accounting, Auditing and Taxation*, 2006, 15 (2).

[40] Richardson G. The Relationship between Culture and Tax Evasion across Countries: Additional Evidence and Extensions [J]. *Journal of International Accounting, Auditing and Taxation*, 2008, 17 (2).

[41] Richardson G, Taylor G, Lanis R. The Impact of Board of Director Oversight Characteristics on Corporate Tax Aggressiveness: An Empirical Analysis [J]. *Journal of Accounting and Public Policy*, 2013, 32 (3).

[42] Shleifer A, Vishny R W. Politicians and Firms [J]. *The Quarterly Journal of Economics*, 1994, 109 (4).

[43] Slemrod J. The Economics of Corporate Tax Selfishness [J]. *National Tax Journal*, 2004, 57 (4).

[44] Stickney C P, McGee V E. Effective Corporate Tax Rates the Effect of Size, Capital Intensity, Leverage, and Other Factors [J]. *Journal of Accounting and Public Policy*, 1982, 1 (2).

[45] Tang T Y H. Privatization, Tunneling, and Tax Avoidance in Chinese SOEs [J]. *Asian Review of Accounting*, 2016, 24 (3).

[46] Tsakumis G T, Curatola A P, Porcano T M. The Relation between National Cultural Dimensions and Tax Evasion [J]. *Journal of International Accounting, Auditing and Taxation*, 2007, 16 (2).

[47] Wu W, Wu C, Zhou C, et al. Political Connections, Tax Benefits and Firm Performance: Evidence from China [J]. *Journal of Accounting and Public Policy*, 2012, 31 (3).

[48] Zimmerman J L. Taxes and Firm Size [J]. *Journal of Accounting and Economics*, 1983, 5.

# 3 海归董事与投资者关系
## THREE
## ——基于2000—2012年A股上市公司的分析

本章利用中国各省独立发布海外人才引进政策的天然实验,结合2000—2012年A股上市公司数据,使用工具变量法探讨海归人才及境内外制度环境强度对新兴市场企业投资者关系的驱动性作用,在控制住内生性影响后发现:(1)投资者关系(investor relations,简称IR)水平与企业是否发行B股或H股无显著关系,但与公司董事会中海归董事比例成正比,这个结果可经受一系列稳健性检验;(2)海归董事比例—IR水平敏感度会受到海归董事在海外接触到的投资者关系制度环境强度的正向影响,以及企业所处境内投资者关系制度环境强度的负向影响。

## 一、引 言

IR来源于20世纪中叶的美国,是自由竞争市场经济体制和股东权利意识萌发的产物,自产生后就在发达经济体得到快速普及(Rao and Sivakumar,1999)。受限于投资者保护意识和相关法律机制不健全,IR在新兴市场受重视程度有限,发展相对滞后。以中国为例,IR在21世纪初才逐步受到各方重视并得到快速发展:2002年之前仅极少数跨国企业对IR有所涉猎;到了2016年,2807家A股上市公司中有87%在官方网站设立IR频道,完全未进行IR基础信息披露的公司占比不到5%。[①]

相比监管与业界中IR的蓬勃发展和备受重视,学界对于IR在新兴市场

---

[①] 数据来源于中国证券投资者保护基金有限责任公司编制披露的《2016年A股上市公司网站建设及网上信息披露情况调查报告》。

的驱动与发展机制还需要更深入的理解。目前存在两种主流观点可解释新兴市场企业改变IR管理的驱动机制,但均缺乏直接与充分论证。一种观点强调境外制度环境的浸染:不断增加的跨国公司、境外投资、跨境人口迁移,不仅为国内带来更好的技术手段和管理经验,还使得投资者保护意识增强,带来公开透明的企业文化,促进开展IR活动(Braguinsky and Mityakov,2015)。另一种观点更认同境内企业的主动学习行为:在海外上市的中国公司为满足国外发达市场的竞争需要,主动学习和建立IR管理机制,国内其他公司在观察到这一变化后,为满足国内竞争需要亦开始主动学习,开展IR活动,并逐步扩散至全行业,最终引起社会和监管机构的重视(李心丹等,2006)。我们利用2000—2012年中国A股上市公司面板数据,实证检验两种观点的有效性,并进一步挖掘境内外制度环境对公司IR水平的影响。考虑到IR研究中常见的内生性问题,我们利用中国各省独立发布海外人才引进政策的天然实验,构建工具变量和识别策略,使用工具变量两阶段回归方法验证海归人才推动和促进新兴市场IR发展的显著作用,并结合公司固定效应、倾向得分匹配(PSM)等稳健性检验方法,控制住内生性对研究结果的干扰,提升研究结论的可靠性。

## 二、文献回顾、理论分析与研究假设

### (一)文献回顾

国际投资者关系协会对IR的官方定义是运用金融、沟通和市场营销学的方法,向公司现有投资者以及潜在投资者详尽地展示公司的经营情况和发展前景;中国证监会对IR的描述是公司通过信息披露与交流,加强与投资者及潜在投资者之间的沟通,并指出其目的是增加公司信息披露透明度,改善公司治理。综合来说,IR以信息披露和传递为主旨,是企业与投资者之间信息沟通的重要桥梁和关键渠道。

在许多文献中,IR被认为是一种提高公司透明度的手段(Bushee and Miller,2012),是公司治理和投资者保护机制的关键环节(Rao and Sivakumar,1999),是公司持续向金融市场参与者提供财务和非财务信息的公司行为（Bassen et al.，2010）。国内 IR 研究集中于两大方向：一个方向是研究 IR 的作用与经济后果。例如，杨德明和辛清泉（2006）提出，上市公司 IR 活动能够提高投资者知情权，抑制大股东隧道行为；李心丹等（2007）证明 IR 能够提升上市公司价值。另一个方向是探讨影响 IR 的因素。例如，Xiao 等（2004）发现，公司网络信息披露与法人股、外资股、非执行董事的比例及是否属于信息技术行业正相关，与国家股、国家法人股的比例负相关；赵颖（2009）发现，提高管理层持股、独立董事的比例及设置审计委员会对 IR 水平有积极影响。但已有研究均难以解释 IR 在中国等新兴市场中快速发展的现象，未能给出新兴市场企业改变 IR 管理的驱动因素，忽视制度环境因素对于 IR 的重要影响。同时，由于研究对象和数据的限制，前述研究不可避免存在内生性问题，影响结论的有效性。

相对已有研究，本章将在以下三方面有所改进：（1）充分考虑财务指标、股权架构和董事会结构各类变量，实证分析新兴市场企业改变 IR 管理的驱动因素；（2）引入境内外制度环境变量，研究其对 IR 的影响；（3）利用天然实验构建工具变量，削弱内生性影响。

（二）理论分析与研究假设

1. 新兴市场企业改变 IR 管理的驱动机制

前文提到，针对新兴市场企业改变 IR 管理的驱动机制存在两类看法：第一类看法认为，IR 源于海外制度环境的被动浸染。随着中国等新兴市场国际化、全球化水平的提高，跨国公司、境外投资、跨境人口迁移日益增多，各种先进技术手段、管理经验和文化理念亦随之传入国内。Giannetti 等（2015）提出，海归人才可以显著提升公司价值、全要素生产力和盈利能力，提高企业国际并购、引资和海外出口能力，改善公司治理。《中国统计年鉴》显示海归人口在 2000 年后出现高速增长，这与中国 IR 快速转变时期一致。结合以上发现，我们提出新兴市场企业改变 IR 管理的驱动机制：新兴市场的海归人才在国外学习或工作期间能接触和掌握海外先进的 IR 管理经验、实践知识以及投资者保护的制度理念；当海归人才归国并成为公司决策者时，他们携带着上述经验、知识和理念，并将其应用到公司决策判断中，进而影响公司 IR 水平。这里对于公司 IR 决策者的定义值得讨论。《上市公司投资者关系管理工作指引》规定董事会秘书负责 IR 工作，而董事会秘书由董事会聘任和解聘。在文献研究中，Rao 和 Sivakumar（1999）证明董事会在 IR 决策中起到重要作用，董事会相互关联会极大地促进相关企业模仿对方建立 IR 部门的行为；Jiang 等（2016）的数据显示，约 14％的上市公司董事会决议针对信息披露工作。结合上述分析，我们选择董事会中海归董事比例作为公司 IR 实证研究的出发点，并提出第一个假设：

**H1：在其他条件相同的情况下，公司董事会中海归董事比例越高，IR 水平越高。**

第二类看法认为，IR 主要源于海外上市公司的主动学习。海外发达市场的法律法规和市场竞争环境对于公司治理和投资者保护力度要求较高，迫使海外上市公司积极开展 IR 管理。肖斌卿等（2007）以南京大学 IR 管理指数为 IR 度量指标，发现发行 B 股或 H 股的公司 IR 水平更高，但结果并不稳健。基于此，我们提出第二个假设：

**H2：在其他条件相同的情况下，发行 B 股或 H 股的公司，IR 水平更高。**

2. 内外部制度环境的影响

已有文献指出，公司 IR 水平受到文化、法律、习俗等制度环境因素的影响，且这些制度环境在不同国家有强弱之分（Bassen $et\ al.$，2010）。从制度环境角度出发，考虑到新兴市场 IR 制度理念相对滞后，上述两个假设可重新解读为：IR 发展源于境外先进制度环境向境内滞后制度环境的扩散。那么，境内外的 IR 制度环境强弱程度是否会影响扩散力度呢？为回答这一问题，我们以海归董事海外居留国的文化、法律等指标衡量境外制度环境强度，以境内公司注册所在省的文化、法律等指标衡量境内制度环境强度，以海归董事比例—IR 水平敏感度衡量扩散力度，提出如下两个假设：

**H3：在其他条件相同的情况下，若公司海归董事全部都曾在 IR 制度环境较强的国家留学或工作，则该公司的海归董事比例—IR 水平敏感度较高。**

**H4：在其他条件相同的情况下，若公司注册所在省的 IR 制度环境较弱，则该公司的海归董事比例—IR 水平敏感度较高。**

针对海归董事海外居留国和公司注册所在省份的具体文化、法律等衡量指标，现有文献可提供一些选择思路。首先，Gray（1988）通过理论推测 Hofstede 文化因子可以解释不同国家的企业信息披露水平，其中不确定性和权力距离因子与披露水平成反比，而个人主义和刚柔性因子与披露水平成正比；Jaggi 和 Low（2000）利用跨国横截面数据发现，仅个人主义因子与披露水平呈正显著关系；Hope（2003）扩大研究范围，利用 42 个国家 1883 个样本进一步证实 Jaggi 和 Low（2000）的结果。考虑到 IR 制度环境与披露制度环境具有一致性（Bassen et al.，2010），可认为一国 Hofstede 个人主义因子越高，其 IR 制度环境越强。其次，La Porta 等（1998）运用定量分析方法，对各国法律与金融制度环境进行比较分析，并设计出"反董事权力指数"（ADRI），用以衡量各国投资者保护水平。通常，一国投资者保护水平越高，其 IR 制度环境越强。最后，樊纲等（2011）提出，同在中国大背景下，各省份的法制水平、资本市场发达程度和市场化水平仍相差很大，有明显的地区不平衡现象，据此构建出"NERI 市场化指数"①，用以衡量各省份不同年份的法制水平、资本市场发达程度和市场化水平。考虑到法制水平、资本市场发达程度可决定当地公司的治理水平和投资者保护力度（La Porta et al.，1998；杨德明等，2007），可认为某省份的 NERI 市场化指数得分越高，则当地 IR 制度环境越强。综合上述分析，我们使用各海外居留国的 Hofstede 个人主义因子和 ADRI 数值作为衡量境外 IR 制度环境强度的正向指标，使用各公司注册所在省份的 NERI 市场化指数作为衡量境内 IR 制度环境强度的正向指标。

## 三、研究设计

### （一）样本选择

本章以中国作为新兴市场的代表，以检验前述假设。中国是跨境迁移人口大国，根据《中国统计年鉴》，1978—2012 年约 260 万人出国留学，约 110 万人选择学成归国，并以每年 30 万人或更快速度持续增加；有海外工作经历的归国人员亦人数众多。大量的海归人才为本章研究提供了扎实的基础。本章以中国 A 股非金融类上市公司 2000—2012 年公开信息及公司董事会成员简历信息为样本素材，手工筛选具有海外经历的董事及其海外居留国信息。

---

① NERI 市场化指数除总指标外，还细分为五大子指标，即政府与市场的关系、非国有经济的发展、产品市场的发育程度、要素市场的发育程度，以及市场中介组织发育和法律制度环境。

在剔除缺失信息后，本章样本包括位于 31 个省份的 2461 家 A 股非金融类上市公司、51915 位董事信息和 19802 个公司—年度观测值。

**（二）变量定义**

1. 解释变量

针对 H1、H3 和 H4，我们从 51915 位上市公司董事信息中手工筛选出 4711 名海归董事，其经历广布 46 个海外居留国。绝大多数海归董事有美国（24.73%）、英国（8.77%）和日本（6.85%）等发达市场的海外经验。参照 Giannetti 等（2015）的方法，我们采用海归董事在董事会中的占比（*Foreign experience*）作为解释变量。针对 H2，我们根据公司是否已发行 B 股或 H 股，分别构造虚拟变量（*B dummy* 和 *H dummy*）作为解释变量。

2. 被解释变量

IR 水平是一个难以直接描述和捕捉的概念。部分文献使用问卷调查和随机采访的方式构建 IR 指标，但存在测量误差或内生性问题（杨德明和辛清泉，2006）。从客观性出发，众多文献提出，跟踪分析师数量和企业披露数量与企业 IR 活动具有直接的正相关关系，认为此类信息披露指标可反映企业 IR 水平（Bushee and Miller，2012；Agarwal *et al.*，2016）。李心丹等（2006）构建南京大学 IR 评价指标体系，将跟踪分析报告数量作为重要构建成分和评价体系有效性的验证指标。马连福和赵颖（2007）提出，非财务信息披露是衡量 IR 的重要手段，并以此构建企业 IR 评价指标体系。从监管角度出发，《上市公司投资者关系管理工作指引》规定，上市公司 IR 工作的内容和职责包括对法定披露信息、经营管理信息、发展战略和重要事项的公开披露，安排与分析师的座谈说明、参观访问和路演活动，接受分析师、投资者和媒体的咨询，及时关注媒体的宣传报道并给予适当回应等。日本投资者关系协会公布的 IR 评价指标包括分析师报告数目、分析师的投资者访谈次数、相关媒体报道数目等。综合上述观点，我们构建三种被解释变量以衡量公司 IR 水平：

（1）分析师报告数目（*Analyst report*）：当年跟踪公司 A 股的分析师报告总数。

（2）非强制披露公告数目（*Announcement*）：当年公司所披露的除监管定期报告外的 A 股公告总数。它能够反映企业自愿性披露行为，衡量企业主动

IR活动（汪炜和蒋高峰，2004）。

（3）主流媒体新闻数目（Media news）：当年主流财经媒体中内容涉及公司的新闻总数。

3. 境内外IR制度环境变量

为验证H3，本章从Hofstede官方网站①上获取各海外居留国的个人主义文化因子，并计算出样本中46个海外居留国的文化因子中位数。据此，本章在公司层面构建境外IR制度环境强度的虚拟变量 High ID：若公司董事会中所有海归董事的海外居留国个人主义文化因子都高于样本中位数，赋值为1，否则为0。类似地，本章从La Porta等（1998）的附录中获取各国ADRI，并在公司层面构建境外IR制度环境强度的虚拟变量 High ADRI：若公司董事会中所有海归董事都来自ADRI得分最高的国家，赋值为1，否则为0。High ID 和 High ADRI 等于1时，公司接触的境外IR制度环境强度较高。

为验证H4，本章从樊纲等（2011）的附表中搜集中国各省份2000—2009年的NERI市场化指数（NERI index），以及细分的产品市场发育度指数（Market NERI index）、要素市场发育度指数（Capital NERI index）、市场中介组织发育和法律制度环境指数（Legal NERI index）。四种指数得分越高，公司所处境内IR制度环境强度越高。

4. 控制变量

借鉴已有文献（Xiao et al.，2004；李心丹等，2007；Bushee and Miller，2012），除省份虚拟变量（Prov）外，本章选取如下三类变量作为控制变量：

（1）公司董事会特征信息，包括女性董事比例（Female director）、内部董事比例（Insider director）、外籍董事比例（Foreign director，具有外国国籍或境外永久居留权的董事数目/所有董事数目）、董事平均年龄（Director age）、董事平均任期（Director tenure）；

（2）公司股权结构特征信息，包括国企虚拟变量（State）、第一大股东持股比例（Block）、外资持股比例（Foreign ownership）、前十大股东持股比例集中度（Share HHI10，即前十大股东持股比例平方和）、前十大股东中机构

---

① Hofstede的官方网站为：http://geert-hofstede.com/countries.html。由于数据限制，样本中实际只有39个海外居留国具有个人主义文化因子。

投资者数目（*Institution*）；

（3）公司财务信息及其他特征，包括公司规模（*Firm size*，总资产的自然对数）、公司年龄（*Firm age*，即公司成立后时间长度的自然对数）、总资产收益率（*ROA*，即主营业务收入/总资产）、市值账面比（*MB*，即市场价值/账面价值）、资产负债率（*Leverage*，即总负债/总资产）、现金流（*Cash flow*，即现金流净额/总资产）。

5. 工具变量

在现实生活中，企业是否雇用海归董事属于内生决策，受各种不可观测的特异性因子影响。对 IR 和海归董事直接进行 OLS 回归分析会因为遗漏公司治理变量、存在反向因果关系而产生内生性问题，导致回归结果有偏误。为控制内生性的影响，我们参考 Giannetti 等（2015）和 Luo 等（2016）的做法，使用中国特有的省级海归政策变化事件作为外生工具变量进行两阶段回归分析。自 20 世纪 90 年代起，中国各省级政府响应国家号召在不同时间点独立发布海归人才引进政策，利用各种政策福利吸引海外人才归国工作。从工具变量的关联性即内生性约束（inclusion restriction）角度看，政策发布与当地企业海归董事占比高度相关。考虑到中国企业雇用董事的劳动力市场相当本地化（Knyazeva *et al.*，2013；Giannetti *et al.*，2015），某省份宣布海归人才引进政策会增加该省份对海外人才的吸引力，外生性地增加该省份海归人才的劳动力供给，进而外生性地提高当地公司雇用海归人才的比例和董事会中海归董事占比；相对应地，基于董事劳动力市场的本地化现象，某省份发布政策并不会显著冲击另一个省份的海归人才供给，使得政策发布可以与当地海归董事占比一对一关联。基于这一逻辑，我们按照各省份发布海归人才引进政策的不同年份，构建时间序列上的虚拟变量 *Provincial policy*：若报告年处于公司注册所在省份的政策发布年之后，取值为 1，否则取值为 0。此外，为更好地捕捉横截面信息和提高第一阶段回归精度，我们将 *Provincial policy* 分别与公司在 2000 年的静态所有权特征变量 *Foreign ownership*、*Block* 和 *State* 交叉相乘，作为三个额外工具变量，分别命名为 *Interaction IV1*、*Interaction IV2* 和 *Interaction IV3*。①

---

① 若公司晚于 2000 年成立，则取成立年的所有权特征变量静态值构建交叉项工具变量。类似处理方法见 Angrist 和 Pischke（2008）、Giannetti 等（2015）。

以上工具变量与公司 IR 之间，除通过海归董事渠道关联外，其他系统性关联可能性较低，满足工具变量的外生性约束（exclusion restriction）。这主要是考虑到：首先，省级政府发布海归人才引进政策并非服务于上市公司及其董事会，其政策内容也与 IR 无关；其次，已有文献证明中国地方政府制定政策有时与领导人的职业发展和政治生涯挂钩，而非源于经济、市场和文化环境（Li and Zhou，2005）。①

### （三）研究模型

为应对行业外生冲击和时间变化，本章在回归中所用被解释变量均剔除公司所处行业的行业—年度中位数。针对 H1 和 H2 的回归模型数学表达式为：

$$y_{it} - y_{st} = \alpha + \beta_1 \times Foreign\ exprience_{it} + \beta_2 \times B\ dummy_{it} + \beta_3 \times H\ dummy_{it} + \gamma X_{it} + \alpha_p Prov_i + \varepsilon_{it} \quad (3-1)$$

其中，$y_{it}$ 表示公司 $i$ 在 $t$ 年的被解释变量数值，$y_{st}$ 表示公司 $i$ 所处的行业 $s$ 在 $t$ 年的被解释变量的行业—年度中位数。$Foreign\ exprience_{it}$ 为公司 $i$ 在 $t$ 年的董事会中海归董事占比，$B\ dummy_{it}$ 和 $H\ dummy_{it}$ 分别为公司 $i$ 在 $t$ 年是否已发行 B 股或 H 股的虚拟变量，$X_{it}$ 为控制变量，$Prov_i$ 为省份虚拟变量，$\varepsilon_{it}$ 为误差项。为控制潜在的异方差和序列相关问题，本章对所有回归系数的标准误都在公司层面进行聚类调整处理。

在考虑境外或境内 IR 制度环境影响后，针对 H3 和 H4 的回归模型数学表达式调整为：

$$y_{it} - y_{st} = \alpha + (\beta_1 + \lambda_1 \times Institution_{it}) \times Foreign\ exprience_{it} + \beta_2 \times B\ dummy_{it} + \beta_3 \times H\ dummy_{it} + \beta_4 \times Institution_{it} + \gamma X_{it} + \alpha_p Prov_i + \varepsilon_{it} \quad (3-2)$$

其中，$Institution_{it}$ 为境外或境内 IR 制度环境变量，其他变量含义与公式（3-1）一致。$\lambda_1$ 系数反映境外或境内 IR 制度环境强度对于海归董事比例—IR 水平敏感度的影响。

---

① 本章使用省份—年度层面面板数据，结合 Profit 模型检验各省份人均 GDP、人均可支配收入、NERI 市场化指数及其五大细分指数对省份政策变化变量 *Provincial policy* 的影响。结果发现，上述指标系数均不显著，说明上述可能与企业 IR 决策相关的经济、制度环境等因素与海归政策发布无直接关联。

## 四、实证结果与分析

### （一）描述性统计

表 3-1 为各主要变量描述性统计结果，因篇幅所限未报道控制变量相关统计结果。在平均水平上，上市公司每年跟踪分析师报告（Analyst report）27份，公司非强制披露公告（Announcement）10次，主流媒体新闻（Media news）58篇。三种被解释变量的标准差都相对较大，说明公司间 IR 水平差异较大。海归董事占比（Foreign experience）均值为 11.10%，大约每 9 位董事会成员中就有 1 位具有海外留学或工作经历。样本中大约有 56.19% 的公司当年雇用至少 1 位海归董事，平均每个公司每年雇用 1.08 位海归董事。此外，发行 B 股或 H 股（B dummy 或 H dummy）的公司比例相对较低，在样本中仅占 5.60% 和 2.93%。

表 3-1 描述性统计

| 变量 | 均值 | 最小值 | P5 | 中位数 | P95 | 最大值 | 标准差 | 样本 |
| --- | --- | --- | --- | --- | --- | --- | --- | --- |
| Analyst report | 27.1637 | 0.0000 | 0.0000 | 3.0000 | 138.0000 | 242.0000 | 52.2046 | 19802 |
| Announcement | 10.0101 | 0.0000 | 0.0000 | 0.0000 | 84.0000 | 127.0000 | 28.9192 | 19802 |
| Media news | 58.1163 | 0.0000 | 0.0000 | 67.0000 | 131.0000 | 212.0000 | 51.3564 | 19802 |
| Foreign experience | 0.1110 | 0.0000 | 0.0000 | 0.0909 | 0.3846 | 0.8000 | 0.1365 | 19802 |
| B dummy | 0.0560 | 0.0000 | 0.0000 | 0.0000 | 1.0000 | 1.0000 | 0.2298 | 19802 |
| H dummy | 0.0293 | 0.0000 | 0.0000 | 0.0000 | 0.0000 | 1.0000 | 0.1686 | 19802 |
| High ID | 0.2525 | 0.0000 | 0.0000 | 0.0000 | 1.0000 | 1.0000 | 0.4345 | 19802 |
| High ADRI | 0.3040 | 0.0000 | 0.0000 | 0.0000 | 1.0000 | 1.0000 | 0.4600 | 19802 |
| NERI index | 7.6086 | 0.0000 | 3.9600 | 7.5600 | 11.1600 | 11.8000 | 2.2891 | 13096 |
| Market NERI index | 8.2492 | 0.0000 | 5.4200 | 8.6600 | 10.2300 | 10.6100 | 1.5712 | 13096 |
| Capital NERI index | 5.7196 | 0.0000 | 1.8800 | 5.7900 | 9.5900 | 11.9300 | 2.4488 | 13096 |
| Legal NERI index | 7.4675 | 0.0000 | 2.6300 | 6.1400 | 16.6700 | 19.8900 | 4.3237 | 13096 |

## (二) 回归结果分析

表 3-2 是对假设 H1 和 H2 的检验。第 1 到 3 列分别为三种被解释变量的 OLS 回归结果。可以看到，被解释变量 *Analyst report*、*Announcement* 以及 *Media news* 与 *Foreign experience* 都具有显著正相关关系，与预期相符；与 *B dummy*、*H dummy* 相关关系不显著或具有显著负相关关系，与预期不符。第 4 列是工具变量第一阶段回归结果，工具变量 *Provincial policy* 的系数显著为正，说明发布海归人才引进政策会导致该省上市公司中海归董事占比上升，与理论一致。第 4 列亦包含工具变量的联合 F 检验结果，证明工具变量组合的有效性。第 5 到 7 列分别为三种被解释变量的工具变量两阶段回归结果，*Foreign experience* 系数仍都显著为正，*B dummy* 和 *H dummy* 系数仍不显著或显著为负，这说明在控制住内生性的影响后，上市公司海归董事比例提升依然会显著提高公司 IR 水平，而发行 B 股或 H 股则对公司 IR 水平无促进作用。第 5 到 7 列还包含针对弱工具变量的 Cragg-Donald Wald F 检验结果，验证工具变量组合是强有效的。至此，假设 H1 成立，假设 H2 不成立。

表 3-2 海归董事与投资者关系

| 变量 | OLS | | | 工具变量第一阶段 | 工具变量两阶段 | | |
| --- | --- | --- | --- | --- | --- | --- | --- |
| | *Analyst report* (1) | *Announcement* (2) | *Media news* (3) | *Foreign experience* (4) | *Analyst report* (5) | *Announcement* (6) | *Media news* (7) |
| *Foreign experience* | 29.9089*** (5.04) | 3.3447*** (4.79) | 22.0744*** (3.19) | | 171.9963*** (5.10) | 12.2218*** (2.67) | 57.5912*** (2.67) |
| *Provincial policy* | | | | 0.0469*** (5.26) | | | |
| *Interaction IV* 1 | | | | 0.1948*** (4.11) | | | |
| *Interaction IV* 2 | | | | −0.0057 (−0.36) | | | |
| *Interaction IV* 3 | | | | −0.0152** (−2.58) | | | |

(续表)

| 变量 | OLS | | | 工具变量第一阶段 | 工具变量两阶段 | | |
|---|---|---|---|---|---|---|---|
| | Analyst report | Announcement | Media news | Foreign experience | Analyst report | Announcement | Media news |
| | (1) | (2) | (3) | (4) | (5) | (6) | (7) |
| B Dummy | −3.8934 | −0.5850** | −0.1516 | 0.0228* | −6.8937** | −0.7736** | −1.4998 |
| | (−1.29) | (−2.33) | (−0.05) | (1.80) | (−2.07) | (−2.55) | (−0.38) |
| H Dummy | −0.1495 | −0.5659 | −1.4502 | 0.1559** | −22.9051 | −1.9748 | −11.2304 |
| | (−0.01) | (−0.91) | (−0.14) | (2.54) | (−1.30) | (−1.61) | (−0.85) |
| Director age | −0.2585* | −0.0937*** | −0.4061*** | −0.0013** | −0.1563 | −0.0852*** | 0.4655*** |
| | (−1.87) | (−4.67) | (−4.13) | (−2.48) | (−0.97) | (−4.10) | (4.21) |
| Director tenure | 0.4622 | −0.4329* | −1.3023** | −0.0001 | 0.4133 | −0.4459* | 1.2816** |
| | (0.76) | (−1.90) | (−2.71) | (−0.09) | (0.68) | (−1.95) | (2.45) |
| Female director | 16.0860*** | 2.5813*** | 0.1081 | −0.0410** | 20.9003*** | 2.8968*** | 2.1228 |
| | (3.29) | (3.17) | (0.03) | (−2.41) | (3.78) | (3.40) | (0.60) |
| Insider director | 10.3204*** | 0.9194*** | 0.1859 | −0.0374*** | 15.6090*** | 1.2557*** | 2.8014 |
| | (4.65) | (2.75) | (0.12) | (−4.39) | (5.40) | (3.18) | (1.50) |
| Foreign director | 34.7082 | 10.0887** | 1.7845 | 0.9672*** | −113.7607** | 0.8104 | −84.5421** |
| | (1.54) | (2.44) | (0.08) | (11.05) | (−2.54) | (0.12) | (−2.19) |
| Foreign ownership | −1.6311 | −0.6135 | −22.1618*** | 0.1253*** | −42.6487*** | −3.2375* | −1.2846 |
| | (−0.18) | (−0.45) | (−3.18) | (2.82) | (−3.36) | (−1.74) | (−0.18) |
| Block | 5.8295 | −4.3406** | −1.0919 | −0.0738 | 18.2131 | −3.5940* | 8.6796 |
| | (0.41) | (−2.15) | (−0.11) | (−1.46) | (1.16) | (−1.69) | (0.71) |
| State | −6.1823*** | −0.1422 | 2.3970*** | −0.0161*** | −2.2642 | 0.0909 | −0.2606 |
| | (−5.66) | (−0.87) | (3.14) | (−3.91) | (−1.49) | (0.44) | (−0.29) |
| Institution | 1.7650*** | 0.1005*** | 0.7137*** | 0.0007 | 1.6977*** | 0.1023*** | 0.7413*** |
| | (9.95) | (3.63) | (5.55) | (1.19) | (8.82) | (3.62) | (5.50) |
| Share HHI10 | −22.7031 | 4.0713* | −14.2078 | 0.0691 | −33.3755* | 3.4397 | 7.5414 |
| | (−1.28) | (1.65) | (−1.08) | (1.09) | (−1.70) | (1.33) | (0.49) |
| Firm size | 16.6593*** | 0.2729*** | 14.2306*** | 0.0148*** | 14.5996*** | 0.1368 | 15.5120*** |
| | (14.14) | (2.80) | (10.15) | (4.85) | (11.48) | (1.12) | (8.90) |
| Firm age | −5.4820*** | −0.6337*** | −0.8482 | −0.0078* | −4.9562*** | −0.5945*** | 1.0321 |
| | (−4.47) | (−3.70) | (−0.92) | (−1.77) | (−3.65) | (−3.38) | (1.00) |
| ROA | 107.3297*** | 0.7378 | 10.6542 | 0.0501* | 101.7493*** | 0.2930 | −14.2234* |
| | (11.72) | (0.63) | (1.46) | (1.90) | (10.40) | (0.24) | (−1.81) |
| MB | 5.2374*** | −0.0067 | 3.3703*** | −0.0000 | 5.2560*** | −0.0119 | −3.4194*** |
| | (12.75) | (−0.19) | (9.15) | (−0.02) | (11.93) | (−0.32) | (−8.83) |

(续表)

| 变量 | OLS | | | 工具变量第一阶段 | 工具变量两阶段 | | |
| --- | --- | --- | --- | --- | --- | --- | --- |
| | *Analyst report* (1) | *Announcement* (2) | *Media news* (3) | *Foreign experience* (4) | *Analyst report* (5) | *Announcement* (6) | *Media news* (7) |
| *Leverage* | −14.8034*** | −0.8100* | 5.6781*** | −0.0024 | −13.7055*** | −0.7516* | −4.7096** |
| | (−5.76) | (−1.92) | (3.07) | (−0.25) | (−4.66) | (−1.72) | (−2.23) |
| *Cash flow* | 36.6205*** | −1.4581*** | −41.6451*** | 0.0063 | 35.5882*** | −1.5375*** | 41.1260*** |
| | (13.94) | (−2.64) | (−25.44) | (1.04) | (12.71) | (−2.74) | (23.99) |
| 省份固定效应 | Yes | Yes | Yes | Yes | Yes | Yes | Yes |
| 联合 $F$ 检验 | | | | 31.49*** | | | |
| Cragg-Donald Wald $F$ 检验 | | | | | 101.89*** | 101.89*** | 101.89*** |
| $R^2$ | 0.2704 | 0.0199 | 0.2662 | 0.2293 | 0.1459 | 0.0093 | 0.1790 |
| 样本数（个） | 19150 | 19150 | 19150 | 19047 | 19047 | 19047 | 19047 |
| 样本公司（家） | 2397 | 2397 | 2397 | 2387 | 2387 | 2387 | 2387 |

注：*、**、*** 分别表示在 10%、5% 和 1% 的水平上显著；括号内表示聚合在企业层面的稳健性 $t$ 检验统计值（本章以下各表相同）。

除解释变量外，许多控制变量的结果也值得探讨。比如，可以看到在绝大多数模型中，三种 IR 水平指标与 *Firm size*、*Institution* 成正比，与 *Leverage* 成反比，这与肖斌卿等（2007）、Bushee 和 Miller（2012）等文献结果一致。有趣的是，*Foreign director* 以及 *Foreign ownership* 虽然与 *Foreign experience* 显著正相关，但在两阶段回归中对企业 IR 水平无显著影响或显著负相关。结合 H1 的结论，这一发现说明海归人才不同于其他跨国渠道（如外国移民、境外投资等），在新兴市场 IR 发展过程中扮演着独特的重要角色。

表3-3 是对 H3 的检验。本章将 *Foreign experience* 与衡量境外 IR 制度环境强度的虚拟变量（*High ID* 和 *High ADRI*）分别交叉相乘，并放入三种被解释变量的工具变量两阶段回归中，可以看到各交叉项回归系数均显著为正。① 这意味着若公司海归董事全部都曾在较强 IR 制度环境的国家留学或工作，则该公司的海归董事比例—IR 水平敏感度较高，即 H3 成立。这一结果说明境外 IR 制度环境强度对于从境外向新兴市场内部的 IR 制度扩散力度有正向影响。

---

① 表中省略各控制变量的回归系数。

表 3-3　境外制度环境、海归董事与投资者关系

| 变量 | 工具变量两阶段 | | | | | |
| --- | --- | --- | --- | --- | --- | --- |
| | 个人主义文化因子 | | | 反董事权力指数 | | |
| | Analyst report (1) | Announce-ment (2) | Media news (3) | Analyst report (4) | Announce-ment (5) | Media news (6) |
| Foreign experience | 168.6960*** (4.45) | 9.4064** (2.05) | 36.9774*** (3.91) | 141.6821*** (4.05) | 13.0328*** (2.72) | 48.1744*** (4.10) |
| Foreign experience × High ID | 332.0601*** (3.20) | 24.4566* (1.77) | 84.7675** (2.41) | | | |
| High ID | −57.4476*** (−3.33) | −3.9903* (−1.74) | −16.0105*** (−2.80) | | | |
| Foreign experience × High ADRI | | | | 158.8591*** (2.81) | 24.1237** (2.42) | 44.1766** (2.19) |
| High ADRI | | | | −33.5862*** (−3.35) | −1.4463 (−1.04) | −9.0552** (−2.49) |
| 控制变量 | Yes | Yes | Yes | Yes | Yes | Yes |
| 省份固定效应 | Yes | Yes | Yes | Yes | Yes | Yes |
| Cragg-Donald Wald F 检验 | 21.12*** | 21.12*** | 21.12*** | 39.14*** | 39.14*** | 39.14*** |
| $R^2$ | 0.1050 | 0.0012 | 0.1758 | 0.1313 | 0.0065 | 0.1813 |
| 样本数（个） | 19047 | 19047 | 19047 | 19047 | 19047 | 19047 |
| 样本公司（家） | 2387 | 2387 | 2387 | 2387 | 2387 | 2387 |

表 3-4 是对 H4 的检验。本章将 Foreign experience 与衡量境内 IR 制度环境强度的 4 个省级指标（NERI index、Market NERI index、Capital NERI index、Legal NERI index）分别交叉相乘，并放入被解释变量 Analyst report 的工具变量两阶段回归中。① 可以发现，表 3-4 第 2 到 5 列的各交叉项回归系数均显著为负，而各市场化指标回归系数均显著为正。这说明，当地市场化进程、资本市场发达程度和法制水平提高，将促使当地投资者保护水平、当地企业 IR 水平上升；但同时会缩小当地企业与境外发达市场 IR 制度环境强度差异，使得海归董事从境外携带先进 IR 管理经验、实践知识和

---

① 表中省略其他两种被解释变量的回归结果以及控制变量回归系数。

制度理念回国的作用相对受到削弱,导致公司的海归董事比例—IR 水平敏感度降低。以上发现证明 H4 成立,且可反推出海归董事在新兴市场的独特作用:在欠发达和法制不健全的地区,海归董事在公司内部可以推动独有的公司治理机制代替外部较弱的公司治理、法制监督环境,保护投资者权益。

表 3-4 境内制度环境、海归董事与投资者关系

| 变量 | 工具变量两阶段 | | | | |
|---|---|---|---|---|---|
| | 2000—2009 年子样本 | 市场化指数总指标 | 产品市场发育程度 | 要素市场发育程度 | 中介组织发育和法律制度环境 |
| | Analyst report | | | | |
| | (1) | (2) | (3) | (4) | (5) |
| Foreign experience | 159.3374*** | 70.4723* | 259.9983*** | 184.8451*** | 131.2287*** |
| | (5.28) | (1.69) | (3.34) | (5.30) | (4.92) |
| Foreign experience × NERI index | | −8.9758** | | | |
| | | (−1.96) | | | |
| NERI index | | 5.7889*** | | | |
| | | (7.30) | | | |
| Foreign experience × Market NERI index | | | −19.8828** | | |
| | | | (−2.34) | | |
| Market NERI index | | | 3.3562*** | | |
| | | | (4.37) | | |
| Foreign experience × Capital NERI index | | | | −17.4853*** | |
| | | | | (−3.30) | |
| Capital NERI index | | | | 3.3417*** | |
| | | | | (4.44) | |
| Foreign experience × Legal NERI index | | | | | −8.0581** |
| | | | | | (−2.45) |
| Legal NERI index | | | | | 2.3744*** |
| | | | | | (4.29) |
| 控制变量 | Yes | Yes | Yes | Yes | Yes |
| 省份固定效应 | Yes | Yes | Yes | Yes | Yes |
| Cragg-Donald Wald $F$ 检验 | 58.35*** | 20.08*** | 23.62*** | 24.76*** | 25.08*** |
| $R^2$ | 0.0587 | 0.2851 | 0.2172 | 0.2390 | 0.2478 |
| 样本数(个) | 12566 | 12566 | 12566 | 12566 | 12566 |
| 样本公司(家) | 1622 | 1622 | 1622 | 1622 | 1622 |

## 五、稳健性检验

本章采用如下几种方式进行稳健性检验，但限于篇幅，这些稳健性回归结果皆未列示。

（1）考虑到分析师报告数目、非强制披露公告数目及主流媒体新闻数目均是离散的非负自然数，且样本方差明显大于均值，本章采用负二项回归计数模型进行稳健性验证，结果显示海归董事的系数仍显著为正。①

（2）按照《上市公司投资者关系管理工作指引》要求，上市公司 IR 工作内容应包括及时关注媒体的宣传报道并给予适当回应。本章手工获取并整理 2009—2012 年 A 股上市公司针对媒体、市场和监管的澄清或致歉公告，得到 757 家上市公司 1364 篇澄清或致歉公告。此类公告由企业自主选择发布，属于专门面向各类投资者、针对市场谣言的信息反馈和披露，是企业主动管理 IR 的有效表征。据此，我们构建新的被解释变量 $Clarify$，即公司当年主动披露的澄清或致歉公告数目。由于数据样本时期限制，$Clarify$ 无法使用工具变量两阶段回归，同时考虑到 $Clarify$ 为离散非负自然数且样本方差大于均值，我们采用负二项回归模型进行分析。回归结果显示，海归董事的回归系数显著为正。这说明海归董事占比更高的公司会更加关注媒体的宣传报道并给予适当回应，更愿意主动管理和调节投资者情绪和投资者看法，IR 水平更高。这一结果证明海归董事确实可以显著推动公司的 IR 主动管理活动。

（3）考虑到可能存在不可观测的公司异质性因素，本章在工具变量两阶段回归的前提下，进一步控制住公司固定效应，回归结果与前文结论一致。这说明在控制住公司特异性遗漏变量所产生的内生性影响后，前文所述研究结果依然有效。

（4）某些上市公司可能会因为特殊原因不愿或不能雇用海归董事，因此不会受到省级海归政策发布的外生性影响，削弱了工具变量与海归董事占比的关联性。为增强工具变量两阶段回归分析的有效性，本章将从未雇用海归

---

① 为与前文保持一致，本章在负二项回归中仍采用扣除行业一年度中位数后的被解释变量，并通过统一增加一个不变的正数使被解释变量保持为正。

董事的公司从样本中剔除后再进行回归分析。回归结果显示,海归董事系数未发生实质性改变。

(5) 除固定效应和工具变量外,实证中还可利用 PSM 方法来处理内生性问题。本章参照 Wen 和 Song(2017)的做法,选取雇用海归董事的公司作为实验组,并使用 Probit 模型和前文所有控制变量来估计每个观测值下公司雇用海归董事的倾向性得分。然后通过最邻近匹配法(nearest neighbor matching)和限制得分距离不超过 3.0%,为每一个实验组观测值匹配一个未雇用海归董事但倾向性得分十分接近的对照组观测值,获得 10514 对成功匹配观测,进而融合具有 21028 个观测值的 PSM 样本,从而削弱各潜在因子对海归董事与 IR 关联性的影响。本章在 PSM 样本上重复表 3-2 所做回归,结果显示海归董事系数仍显著为正。这说明本章研究结果在同时利用 PSM 方法和工具变量法控制住内生性问题后依然稳健有效,即海归董事在推动上市公司 IR 发展中确实起到了重要作用。

(6) 为排除海归人才引进政策以外的省份特异性外生事件对 IR 产生影响,本章在扣除被解释变量的行业—年度中位数后,进一步扣减其省份—年度中位数,即检验上市公司是否在海归人才引进政策发布后比当年同一省份同一行业的其他公司具有更高的 IR 水平。检验结果显示,海归董事系数仍显著为正,与表 3-2 结果一致。

(7) IR 工作的重要内容之一是与监管者沟通并定期发布监管报告。企业的政治关联性在这类工作中可能会发挥重要作用。本章加入公司 CEO 的政治关联性 *Political CEO* 作为额外控制变量,观察是否影响海归董事作用的稳健性。*Political CEO* 在公司 CEO 具有或者曾经具有"人大代表""政协委员"或"政府参事"头衔时,赋值为 1,否则为 0。回归结果显示海归董事系数未有实质改变,*Political CEO* 系数显著为正。

(8) 已有文献提出 IR 是公司减少信息不对称、维持企业流动性和提高二级市场表现的重要工具。当二级市场表现较差时,公司倾向增强 IR 行为,以增加资本市场竞争力(Agarwal et al.,2016)。本章加入公司 A 股考虑现金分红再投资后的年回报率 *Yearly stock return* 作为额外控制变量,观察是否影响海归董事作用的稳健性。回归结果显示,海归董事系数仍显著为正,而 A 股年回报率系数显著为负,与预期相符。

(9) 分析师报告数目可能会受短期市场波动和热点转移的影响。相比之下，跟踪分析师由于个人精力、信息有限，存在明显的跟踪目标黏性和转移成本，其数量比分析师报告数目更为稳健。本章使用跟踪分析师数量代替分析师报告数目作为被解释变量，重复表3-2中的工具变量两阶段回归，回归结果显示，海归董事系数仍显著为正。

## 六、结　　论

本章探讨新兴市场企业重视及改变IR水平的驱动因素，验证新兴市场IR发展主要源于跨境迁移人口推动的制度环境扩散，而非少数海外上市公司的主动学习。考虑到内生性问题，我们利用中国特有背景下的天然实验，即各省在不同时间点独立发布海归人才引进政策并对当地海归人才供给产生外生冲击，进而构建工具变量和识别策略，采用工具变量两阶段回归作为研究方法。实证结果显示，中国A股上市公司董事会中海归董事比例每增加一个标准差，每年跟踪分析报告数量会增加23份，公司非强制披露公告增加2份，主流财经媒体新闻增加8篇，相比样本均值分别上升86％、17％和14％。结论可经受一系列稳健性检验，验证了海归人才推动和促进新兴市场IR发展的显著作用。与此相对，我们发现发行B股或H股的公司并未表现出更高的IR水平，未能证实公司主动学习机制对于IR发展的促进作用。

本章进一步探究境内外IR制度环境强度对于海归董事比例—IR水平敏感度的影响。结果显示，海归董事对于企业IR的促进作用会受到境内外IR制度环境强度的影响：当海归董事所能携带的境外IR制度环境较强时，海归董事的促进作用较大；当境内IR制度环境较强，以致缩小境内外IR制度环境差异时，海归董事的促进作用减弱。

本章的研究有诸多独特贡献。首先，本章对新兴市场企业重视及改变IR水平的驱动机制给出解释，证明是外部制度环境影响并驱动新兴市场内部IR发展。其次，本章首次将企业及企业决策者的制度背景与企业IR决策行为相联系，丰富现有企业IR研究，增加对不同企业间IR水平特异性的理解。同时，本章利用新兴市场数据再一次验证已有文献对于发达市场中企业IR水平与企业规模、杠杆率、文化因子、法律和市场环境关系的讨论结果。最后，本章进一步拓展对于海归人才在全球化进程、公司治理中担任角色的理解。

海归人才不仅是传统理解中知识技术的传播者，还可成为制度扩散的独特传递者，并能够在欠发达和法制不健全的地区替代部分外部公司治理和法制监督的功能，保护投资者权益。

# 参考文献

[1] 樊纲，王小鲁，朱恒鹏．中国市场化指数：各省区市场化相对进程2011年度报告 [M]．经济科学出版社，2011．

[2] 李心丹，肖斌卿，王树华，刘玉灿．中国上市公司投资者关系管理评价指标及其应用研究 [J]．管理世界，2006，(9)．

[3] 李心丹，肖斌卿，张兵，朱洪亮．投资者关系管理能提升上市公司价值吗？——基于中国A股上市公司投资者关系管理调查的实证研究 [J]．管理世界，2007，(9)．

[4] 马连福，赵颖．基于投资者关系战略的非财务信息披露指标及实证研究 [J]．管理科学，2007，(4)．

[5] 汪炜，蒋高峰．信息披露，透明度与资本成本 [J]．经济研究，2004，(7)．

[6] 肖斌卿，李心丹，顾妍，王树华．中国上市公司投资者关系与公司治理——来自A股公司投资者关系调查的证据 [J]．南开管理评论，2007，10 (3)．

[7] 杨德明，王彦超，辛清泉．投资者关系管理，公司治理与企业业绩 [J]．南开管理评论，2007，10 (3)．

[8] 杨德明，辛清泉．投资者关系与代理成本——基于上市公司的分析 [J]．经济科学，2006，(3)．

[9] 赵颖．我国上市公司投资者关系水平影响因素实证研究 [J]．经济管理，2009，(2)．

[10] Agarwal V, Taffler R J, Bellotti X, et al. Investor Relations, Information Asymmetry and Market Value [J]. *Accounting and Business Research*, 2016, 46 (1).

[11] Angrist J D, Pischke J S. *Mostly Harmless Econometrics: An Empiricist's Companion* [M]. Princeton: Princeton University Press, 2008.

[12] Bassen A, Basse Mama H, Ramaj H. Investor Relations: A Comprehensive Overview [J]. *Journal für Betriebswirtschaft*, 2010, 60.

[13] Braguinsky S, Mityakov S. Foreign Corporations and the Culture of Transparency: Evidence from Russian Administrative Data [J]. *Journal of Financial Economics*, 2015, 117 (1).

[14] Bushee B J, Miller G S. Investor Relations, Firm Visibility, and Investor Following [J]. *The Accounting Review*, 2012, 87 (3).

[15] Giannetti M, Liao G, Yu X. The Brain Gain of Corporate Boards: Evidence from China [J]. *The Journal of Finance*, 2015, 70 (4).

[16] Gray S J. Towards a Theory of Cultural Influence on the Development of Accounting Systems Internationally [J]. *Abacus*, 1988, 24 (1).

[17] Hope O K. Disclosure Practices, Enforcement of Accounting Standards, and Analysts' Forecast Accuracy: An International Study [J]. *Journal of Accounting Research*, 2003, 41 (2).

[18] Jaggi B, Low P Y. Impact of Culture, Market Forces, and Legal System on Financial Disclosures [J]. *The International Journal of Accounting*, 2000, 35 (4).

[19] Jiang W, Wan H, Zhao S. Reputation Concerns of Independent Directors: Evidence from Individual Director Voting [J]. *The Review of Financial Studies*, 2016, 29 (3).

[20] Knyazeva A, Knyazeva D, Masulis R W. The Supply of Corporate Directors and Board Independence [J]. *The Review of Financial Studies*, 2013, 26 (6).

[21] La Porta, Lopez-de-Silanes F, Shleifer A, *et al.* Law and Finance [J]. *Journal of Political Economy*, 1998, 106 (6).

[22] Li H, Zhou L A. Political Turnover and Economic Performance: The Incentive Role of Personnel Control in China [J]. *Journal of Public Economics*, 2005, 89 (9-10).

[23] Luo J, Chen D, Chen J. Coming Back & Giving Back: Returnee Directors and Corporate Donations [J]. *Academy of Management*, 2016, (1).

[24] Rao H, Sivakumar K. Institutional Sources of Boundary-spanning Structures: The Establishment of Investor Relations Departments in the Fortune 500 Industrials [J]. *Organization Science*, 1999, 10 (1).

[25] Wen W, Song J. Can Returnee Managers Promote CSR Performance? Evidence from China [J]. *Frontiers of Business Research in China*, 2017, 11.

[26] Xiao J Z, Yang H, Chow C W. The Determinants and Characteristics of Voluntary Internet-based Disclosures by Listed Chinese Companies [J]. *Journal of Accounting and Public Policy*, 2004, 23 (3).

# 4 投资者关注与市场反应

## ——来自中国证券交易所交易公开信息的自然实验

涨停的股票能否被交易公开信息披露取决于收益率排名中的随机因素，与股票的基本面特征无关。本章利用这一机制设计自然实验检验投资者关注对股价的影响。实证结果显示，交易公开信息披露使股票受到投资者更多的关注，增加了小额资金的净流入，减少了大额资金的净流入和股价的短期收益率，抑制了股价短期波动率，同时降低了股价长期发生反转的可能性。频繁登上交易公开信息的知名营业部买入的股票受到更多关注，相应的市场反应也更加显著。进一步的研究表明，监管性信息披露引发的投资者关注通过降低市场信息不对称抑制了股价反转。

## 一、引　言

投资者关注对资产价格的影响长期以来受到学术界、市场监管层以及资产管理从业者的高度关注。传统模型中通常假设投资者有无限的认知能力，能够充分收集和利用信息，最大可能优化自己的投资决策。然而，大量的心理学和行为金融学文献指出，投资者的注意力和信息处理能力是有限的（李小晗和朱红军，2011；金宇超等，2017）。在现实世界中，许多市场参与者只能将有限的注意力投入资产组合的管理当中。吸引关注的市场事件会让投资者投入更多注意力在自己的资产组合上，更积极地进行交易，从而对股票价格产生影响（Yuan，2015）。借助投资者有限注意力的假设，研究者们引入投资者关注这一因素对资产价格的波动提供了新的解释，例如，Barber 和 Odean（2008）指出，个人交易者缺乏足够的能力和精力在投资的过程中挑选股票，因此更加倾向于购买那些能够吸引其注意力的股票。Yuan（2015）发现，每当道琼斯指数创下历史纪录，或者新闻头条对股市进行报道后，投资者交易行为就会变得活跃。根据其测算，此类吸引注意力的事件发生后市场平均回落 19 个基点。与这些文献类似，投资者关注对资产价格造成的影响是本章关注的核心问题。具体而言，本章研究了交易所定期发布的交易公开信息这一吸引投资者关注的事件对投资者交易行为和相应股价表现的预测能力。

文献中使用丰富多样的方式识别引发投资者关注的事件。例如，Graham 和 Kumar（2006），Chemmanur 和 Yan（2009）分析上市公司中吸引投资者关注的财务操作；Seasholes 和 Wu（2007）、Wang（2016）、冯旭南（2016）利用交易所的特定规则寻找引发投资者关注的事件；Barber 和 Odean（2008）、Loh（2010）通过超额成交量识别投资者关注；Yuan（2015）、饶育蕾等（2010）使用新闻头条、媒体报道作为投资者关注的代理变量。但关于投资者关注对资产定价的影响的研究尚未达成共识，部分文献认为引发投资者关注的事件将吸引噪声交易者参与，增加了资产定价中的非理性成分，在改善市场流动性的同时提高了股价波动率（Barber and Odean，2008；Barber，Odean and Zhu，2009b；Foucault et al.，2011）。同时，缺乏经验的投资者容易被注意力传染机制诱导入正反馈交易中，最终导致股价在长期发生反转（Seasholes and Wu，2007；Wang，2016；彭叠峰等，2015）。部分文献则认为，投资者关注能够提高市场中价格发现的能力，减少信息不对称造成的价格扭曲，从而使市场变得更为有效（Andrei and Hasler，2015；于李胜等，2010；岑维等，2014）。

在实证上纯粹地度量投资者关注所造成的影响是很有挑战性的，因为引发市场关注的事件常常伴随着有价值信息的发布或上市公司发生的特殊事件，这些重要信息或特殊事件除了引起投资者关注以外，其本身所包含的股票价值相关信息同样能对股价产生显著影响。两种效应的叠加使得研究者很难区分股价的波动是由投资者关注引起的还是其他因素影响的结果。如果想要单纯地考察投资者关注对股价的影响，就需要找到可以控制除市场关注度以外其他因素的特殊事件。为了解决这一问题，本章借助交易所披露的交易公开信息所提供的自然实验，剔除引起投资者关注事件背后的基本面影响，纯粹地考察投资者关注带来的影响。证券交易公开信息，俗称"股票龙虎榜"，是交易所每天收盘后对外发布的当天存在特定情形的股票交易信息。本章选取的交易所披露的特殊交易情形是上海证券交易所（深圳证券交易所）日收盘价格涨幅偏离值达到＋7％的前 3（5）只股票。详细的自然实验设计原理将在后文介绍。本章将被交易公开信息披露且于当天涨停的股票作为实验组，将当天未能被披露但同样涨停的股票作为对照组。通过对比实验组与对照组未来的股价变动差异，观察投资者关注对股价的影响。与本章考察的议题类似，Seasholes 和 Wu（2007）、冯旭南（2016）等分别利用涨停板制度、交易公开信息考察了投资者关注对股价的影响，但已有文献在排除干扰因素方面尚存不足。本章的研究之所以能够排除其他因素的干扰，是因为实验组和对照组都于同一个交易日涨停，而是否能够被交易公开信息披露，取决于计算收益率时小数位上极其微小的差异所导致的排名是否不同，这样的差异是影响股票价值的纯粹偶然因素所致，因此不包含关于股票价值的信息。通过事件研究法对比实验组和对照组的表现，我们发现：（1）被披露的股票在事件期拥有显著更高的百度搜索指数，同时超额换手率也更高，这表明其受到比对照组更多的市场关注。（2）相较于对照组，实验组在事件期内小额资金净流入比例较高，而大额资金净流入比例较低；同时，实验组短期累计超额收益率、异质波动率、长期股价反转概率均显著低于对照组。（3）知名营业部参与的实验组股票获得了额外更多的市场关注，上述市场反应也相应更大。这些实证结果表明，由监管性信息披露引发的市场关注降低了市场信息不对称，起到了抑制股价过度波动的作用。

本章的研究对现有文献有如下三方面的贡献：首先，独特的数据处理方法允许本章更纯粹地观察投资者关注对于股价的影响。相较于 Seasholes 和 Wu（2007）、冯旭南（2016）等，本章使用交易公开信息披露的涨停股票与对照组进行对比，由于是否被披露取决于偶然因素，与股票基本面无关，而披露又能带来投资者的广泛关注，因此，本章得以更准确地考察投资者关注对股价的影响。

其次，现有研究倾向于认为投资者关注吸引了噪声交易者的参与，导致市场变得更加无效。例如，Barber 和 Zhu（2009），Barber、Odean 和 Zhu（2009a）指出，噪声交易者的交易行为是相互关联的，会对市场造成系统性的影响。然而，鲜有文献指出监管性信息披露引发的投资者关注能够降低信息不对称程度，提升市场有效性。Andrei 和 Hasler（2015）发现，当投资者投入更多的注意力时,市场的价格发现能力将提高,信息不对称程度将下降,从而导致股票拥有更好的流动性以及更快的对基本面信息的反应速度。与此相符,我们发现,交易公开信息降低了市场信息不对称程度,使得价格波动更为有效,是投资者关注对市场有益影响的研究的补充。

最后,交易公开信息制度是我国证券市场信息公开制度的重要组成部分,其披露的信息因时效性、权威性及独特的交易价值,会吸引大量的机构及个人投资者关注。李茁(2015)发现,股票龙虎榜中买入方和卖出方的交易集中度包含着能够预测未来股价变动的信息。然而,学术界尚未对其作为信息公开制度的功能及效果展开充分检验,本章的研究表明,交易公开信息具有降低信息不对称程度、抑制股价过度波动的作用。这对证券市场监管层和资产管理从业者重新审视引发投资者关注的重大事件后的资产价格走势提供了参考。

## 二、研 究 设 计

### (一)制度背景

证券交易公开信息包括当日买入、卖出金额最大的 5 家会员营业部的名称及其买入、卖出金额。沿用至今的交易公开信息制度起始于 2006 年,虽然在此之前交易所已经开始进行交易公开信息披露,但披露的内容与沿用至今的交易公开信息有一定的差距。[①] 为保证一致性,本章选择 2007 年作为研究样本的起始点。

本章利用的特定披露情形是日收盘价格涨幅偏离值达到±7%的前 3(5)只股票,值得说明的是这里的前 3(5)只股票是交易所按照收益率排序所取的。由于目前国内交易所实行涨跌停板制度,即正常股票一天中的涨跌幅不能超过 10%,在大部分交易日内,交易公开信息披露的股票均达到了涨停,而此时未能上榜的股票中同样有一部分股票达到了涨停,只是由于涨停板制

---

① 变更前交易公开信息披露的是涨跌幅超过±7%的前 3 只股票,变更后交易公开信息披露的是涨跌幅偏离值超过±7%的前 3 只股票,其中收盘价格涨跌幅偏离值=单只股票涨跌幅—对应分类指数涨跌幅。

度中回报率计算的小数位微小差异而未能排进前 3（5）名，因而未能上榜。例如，股票 A 和 B 股价分别为 9.99 元和 10.01 元，它们的最大上涨额度均为 1.00 元（四舍五入到分），由此计算的股票 A 涨幅为 10.01%，大于股票 B 的涨幅 9.99%。这种微小的差异完全是收益率计算中的随机因素造成的，与股票基本面等不存在联系。本章将被披露且于当天涨停的股票作为实验组，将当天未被披露但同样涨停的股票作为对照组。通过对比实验组与对照组未来的股价变动差异，观察投资者关注对股价的影响。在这样的设定下，实验组和对照组的形成取决于外生的偶然因素，实验组因为被披露而得到更多的大众关注，因此两组股票未来走势的差异完全取决于投资者关注程度的差异。与已有文献相比，本章剔除了除投资者关注以外的其他因素，因此能够更加准确地估计投资者关注对于股价表现的影响。

### （二）样本选择与数据来源

本章选取 2007—2015 年上海证券交易所和深圳证券交易所交易公开信息中披露的所有涨停 A 股上市公司作为研究对象，同时添加没有被交易公开信息披露的其他涨停个股作为对照组。本章所使用的数据可以分为两部分。第一部分为证券交易公开信息，包括上榜股票的上榜原因，价格涨跌幅偏离值，振幅，换手率及当日买入、卖出金额最大的 5 家会员营业部的名称及其买入、卖出金额。该部分数据经由恒生聚源数据库（GILDATA）根据交易所披露的相关信息整理而成。第二部分为股票交易数据及公司财务数据，主要来自国泰安（CSMAR）数据库及锐思（RESSET）数据库。

本章选取因涨幅偏离值大于 7% 上榜并且涨停的股票作为实验组，选取涨停但并未被交易公开信息披露的股票作为对照组。对于样本的筛选，为了排除事件窗口期内其他可能影响股票市场表现的事件，本章剔除了在事件后 5 个交易日内股价再次涨停、发布盈余公告、股本变动、并购、资产重组等影响异常收益率事件的样本（方颖和郭俊杰，2018）。此外，同一交易日中必须同时存在实验组和对照组，如若任意组缺失，则剔除该交易日观测数据。本章使用的是混合截面数据，筛选后的样本中包含了 9 年时间内共计 2759 家上市公司的 40260 条观测数据。实验组观测数占总样本比重为 32.2%，对照组占比 67.8%。

## (三) 变量定义与研究设计

本章采用事件研究的方法考察实验组和对照组在事件后的投资者关注、市场反应等方面表现出的差异。本章选取事件前第 125 个交易日到此前第 21 个交易日作为估计期，选取事件后 5 个交易日作为事件期。

### 1. 投资者关注的度量

本章采用累计超额百度搜索指数（excess Baidu Search Index，exBDidx）和累计超额换手率（cumulative abnormal turnover，CAT）来衡量投资者关注的程度（Attention）。百度搜索引擎为中国网络用户进行信息检索的重要渠道，若事件期平均搜索频率超出估计期，则直接反映了市场对于该股票的超额关注度。而超额换手率则通过交易活跃度间接反映了投资者对于该股票的关注度。

交易所在每个交易日结束后发布的交易公开信息包括买入、卖出营业部及对应交易金额等重要信息，这些信息对于指导投资者交易决策有重要的参考价值。例如，冯旭南（2016）指出龙虎榜吸引了投资者的注意力，进而影响了他们的投资决策。因此，本章推断交易公开信息因其时效性、权威性及独特的交易价值，会吸引大量机构及个人投资者关注。由此提出假设：

**H1**：交易公开信息披露的股票受到投资者更多关注，并通过模型（4-1）对该假设进行检验。

$$Attention_{i,t} = \beta_0 + \beta_1 \times Disclosed_{i,t} + \beta_2 \times Control_{i,t} + \varepsilon_{i,t} \quad (4\text{-}1)$$

其中，$Attention$ 表示投资者关注，用百度搜索指数和超额换手率来表征，$Disclosed$ 代表股票是否被交易公开信息披露，$Control$ 是控制变量。这些变量的定义见表 4-1。

表 4-1 变量定义

| 变量名称 | 变量定义 |
| --- | --- |
| $Disclosed$ | 虚拟变量，当涨停个股被交易公开信息披露时取值为 1，否则取值为 0 |
| $TopSeat$ | 虚拟变量，当涨停个股被交易公开信息披露且上榜次数排名前 20 的知名证券营业部买入额大于卖出额时取值为 1，否则取值为 0 |
| $exBDidx$ | 事件后 5 个交易日的累计超额百度搜索指数，单位：千次 |

（续表）

| 变量名称 | 变量定义 |
|---|---|
| CAT | 事件后 5 个交易日的累计超额换手率，单位：100% |
| CNI_small | 事件后 5 个交易日的累计小额交易净流入比例，单位：100% |
| CNI_large | 事件后 5 个交易日的累计大额交易净流入比例，单位：100% |
| CAR | 事件后 5 个交易日的累计超额收益率，单位：% |
| IdioVol | 事件后 5 个交易日基于 CAPM 模型估计的异质波动率，单位：100% |
| Reverse | 虚拟变量，当个股在 5 个和 200 个交易日对比发生股价反转时取值为 1，否则为 0 |
| delta_r2 | 事件前后 5 个交易日 $R^2$ 的变化值，单位：100% |
| delta_LMSW | 事件前后 5 个交易日 LMSW 指数的变化值，单位：100% |
| pro_inc | 利润收入比，即净利润/营业总收入，单位：100% |
| asset_debt | 资产负债率，单位：100% |
| Tobinq | 托宾 Q 值，即市值/资产总计，单位：100% |
| Marketvalue | 个股流通市值，即个股的流通股数与个股收盘价的乘积，取自然对数 |
| Roe | 净资产收益率，单位：100% |
| Instperc | 机构持股比例，单位：100% |
| Closeprice | 个股收盘价，单位：元 |

2. 市场表现的度量

（1）资金流向

本章分别用大额交易、小额交易累计净流入比例（cumulative net inflow ratio，CNI）度量大额及小额投资者的资金流向；同时借鉴锐思数据库对股票资金流向的判断标准。大额交易净流入比例的计算方法为当天单笔交易金额超过 1000 万元的交易买入额与卖出额的差除以两者的和；小额交易净流入比例的计算方法为当天单笔交易金额不超过 100 万元的交易买入额与卖出额的差除以两者的和。

对于小额投资者，即 Barber 和 Odean（2008）指出的吸引市场关注的股票的净买入者，也就是个人投资者，我们推测，交易公开信息会吸引其参与，短期内小额资金净流入增多。对于大额投资者，一方面，Yuan（2015）发现，当道琼斯指数突破历史高位或者新闻头条对股市进行报道以吸引市场关注后，投资者的交易行为变得活跃，更倾向于对投资组合进行再平衡，从而使得所持有的各项资产达到理想的比例。而涨停个股因为股价飙升，所占比例快速上升，因而在资产组合再平衡的过程中，投资者更容易降低持有被交易公开信息披露而引发关注的涨停个股。相比小额投资者，机构等大额投资者通常而言更有激励进行投资组合再平衡。另一方面，冯旭南（2016）指出，监管部门对部分投资者通过涨停板炒作股价的行为颇有顾虑。① 出于对监管的忌惮，以短期内快速拉抬股价为主要操作手法的游资更偏好在隐秘的环境下交易，而交易所披露的交易详情（买入、卖出营业部及其交易金额）会让游资提前曝光，从而使其可能进行炒作行为。投资组合再平衡和抑制可能的炒作行为都会降低相应股票在被交易公开信息披露后的大额交易净流入。由此提出假设：

**H2a：交易公开信息引发的投资者关注提高了小额交易的净流入比例，降低了大额交易的净流入比例，并通过模型（4-2）对该假设进行检验。**

$$CNI_{i,t} = \beta_0 + \beta_1 \times Disclosed_{i,t} + \beta_2 \times Control_{i,t} + \varepsilon_{i,t} \quad (4-2)$$

（2）股价收益率

本章用事件期累计超额收益率（cumulative abnormal return，CAR）度量股价表现强弱程度，其中，超额收益率的计算方法为当天个股的收益率减去对应大盘指数的收益率。吸引投资者注意力的事件会通过影响投资者的交易行为，进而对股价产生影响。与 Yuan（2015）相似，我们认为披露后大额资金净流入比例减少会主导整体资金流向，交易公开信息披露带来的市场关注会降低此后的资金净流入和股价收益率。由此提出假设：

**H2b：交易公开信息引发的投资者关注抑制了股价的短期收益率，并通过模型（4-3）对该假设进行检验。**

$$CAR_{i,t} = \beta_0 + \beta_1 \times Disclosed_{i,t} + \beta_2 \times Control_{i,t} + \varepsilon_{i,t} \quad (4-3)$$

（3）股价波动率

我们用异质波动率（idiosyncratic volatility，IdioVol）来度量股价波动，异质波动率的估算基于 CAPM 模型。我们推断交易公开信息能够吸引投资者

---

① 中国证监会官网 2017 年发布的《"投资者保护·明规则、识风险"案例——警惕"涨停板"中的陷阱》一文中指出，涨停板操纵的实施者利用投资者"追涨"的心理，人为推高股价制造涨停板以吸引投资者跟风买入，并在成功拉升股价后获利出逃，追高的投资者从而成为"接盘侠"，承受投资损失。

更多的关注，降低市场信息不对称程度，提高市场价格发现的能力，避免股价短期过度波动（Andrei and Hasler，2015）。由此提出假设：

**H2c**：交易公开信息引发的投资者关注抑制了股价波动率，并通过模型（4-4）对该假设进行检验。

$$IdioVol_{i,t} = \beta_0 + \beta_1 \times Disclosed_{i,t} + \beta_2 \times Control_{i,t} + \varepsilon_{i,t} \quad (4-4)$$

（4）股价反转概率

我们通过对比短期和长期的股价表现，判断股价是否在长期发生反转，作为股价是否在短期反应过度的度量。$Reverse$ 是刻画被披露后 5 天累计超额回报率为正，而披露后 200 天累计超额回报率为负的虚拟变量。Chan（2003）指出，在没有基本面支持下，股价大幅波动之后会更容易发生股价反转。交易公开信息作为监管性信息披露，其本质不同于 Barber 和 Odean（2008）所使用的吸引投资者关注事件，我们认为其监管属性会让投资者对市场信息投入更多关注，在抑制短期收益率的同时，通过降低市场信息不对称程度减少股价长期反转的可能性；同时，降低股价长期反转的概率与信息不对称下降程度呈正相关关系。由此提出假设：

**H2d**：交易公开信息引发的投资者关注通过降低市场信息不对称程度，减少股价长期反转的可能性，并通过模型（4-5）检验交易公开信息披露是否为实验组带来了更低的股价反转概率。

$$Reverse_{i,t} = \beta_0 + \beta_1 \times Disclosed_{i,t} + \beta_2 \times Control_{i,t} + \varepsilon_{i,t} \quad (4-5)$$

我们借鉴 Llorente 等（2002）以及 Jin 和 Myers（2006），使用事件前后 5 个交易日 LMSW 指数和个股与大盘同步性指标 $R^2$ 的变化值度量上市公司信息不对称程度（information asymmetry，InfAsy）的变化。其中，我们用时间序列回归估计每只股票的指数。我们对股票日收益率与滞后一个交易日的股票日收益率、日收益率与日换手率的交叉项进行回归，LMSW 指数是交叉项的系数，$R^2$ 是个股股价与市场指数走势的同步性。LMSW 指数或 $R^2$ 越大的股票，其信息不对称程度越严重。我们采用 Baron 和 Kenny（1986）的方法检验信息不对称程度的中介作用，具体而言，通过模型（4-6）（4-7）（4-8）依次考察交易公开信息披露是否降低了市场信息不对称程度，信息不对称程度的降低是否有助于股价反转概率的下降，以及控制信息不对称程度后模型（4-5）中交易公开信息披露的解释能力是否出现下降。

$$InfAsy_{i,t} = \beta_0 + \beta_1 \times Disclosed_{i,t} + \beta_2 \times Control_{i,t} + \varepsilon_{i,t} \quad (4\text{-}6)$$

$$Reverse_{i,t} = \beta_0 + \beta_1 \times InfAsy_{i,t} + \beta_2 \times Control_{i,t} + \varepsilon_{i,t} \quad (4\text{-}7)$$

$$Reverse_{i,t} = \beta_0 + \beta_1 \times Disclosed_{i,t} + \beta_2 \times InfAsy_{i,t} \\ + \beta_3 \times Control_{i,t} + \varepsilon_{i,t} \quad (4\text{-}8)$$

3. 知名营业部的度量

在本章的样本区间内，总计出现了 12669 家营业部的 731360 次上榜记录，其中机构席位累计上榜 73384 次，占比约为 10%。除机构席位外，上榜次数最多的前 20 家营业部累计上榜次数占比约为 7.4%，我们将这 20 家营业部定义为频繁上榜的知名营业部。这些营业部由于交易活跃频繁登上龙虎榜，被部分媒体及个人投资者当作游资及所谓"庄家"，我们感兴趣的是它们净买入的龙虎榜股票是否更能吸引投资者关注，从而使得前述股价反应更为显著。由此提出假设：

**H3：交易公开信息披露的知名营业部净买入的股票能吸引更多投资者关注，加强了 H2 所述的市场表现。**

4. 控制变量

本章控制了常用的公司财务数据，包括利润收入比、资产负债率、托宾 Q 值、流通市值、股本回报率、机构持股比例。另外，根据本章的研究设定，涨停股票能否被交易公开信息披露取决于收益率排名中的随机因素，而这一随机因素与股票价格的数值相关。为了避免可能的影响，我们在回归中控制股票在事件前一交易日的收盘价格。

本章所使用的主要解释变量、被解释变量、控制变量的名称及定义如表 4-1 所示。其中与市场行情相关的变量为日度数据，如收盘价、事件后累计超额换手率等；为了避免季度日历效应，公司的基本面数据采用年度数据，如净资产收益率、托宾 Q 值等。为了避免极端值可能对实证结果产生干扰，我们对比值型变量进行了 1% 双向缩尾处理。

（四）描述性统计

在表 4-2 中，A、B、C 部分分别提供了关键解释变量、被解释变量及控制变量的描述性统计，包括样本观测数、均值、标准差、最小值及最大值。

表 4-2　主要变量的描述性统计

| Variable | Obs | Mean | Std. Dev. | Min | Max |
| --- | --- | --- | --- | --- | --- |
| Panel A. 关键解释变量 | | | | | |
| $Disclosed$ | 40260 | 0.322 | 0.467 | 0 | 1 |
| $TopSeat$ | 40260 | 0.106 | 0.308 | 0 | 1 |
| Panel B. 被解释变量 | | | | | |
| $exBDidx$ | 40260 | 2.260 | 2.853 | −5.013 | 68.744 |
| $CAT$ | 40260 | 6.300 | 7.704 | −4.546 | 33.641 |
| $CNI\_small$ | 40260 | −0.003 | 0.057 | −2.060 | 1.000 |
| $CNI\_large$ | 40260 | 0.106 | 0.440 | −1.000 | 1.000 |
| $CAR$ | 40260 | −1.749 | 7.509 | −54.875 | 40.039 |
| $IdioVol$ | 40260 | 0.584 | 0.436 | 0.000 | 5.904 |
| $Reverse$ | 40260 | 0.216 | 0.411 | 0 | 1 |
| $delta\_r2$ | 40260 | −0.004 | 0.418 | −0.986 | 0.987 |
| $delta\_LMSW$ | 40260 | 0.091 | 2.324 | −11.897 | 12.358 |
| Panel C. 控制变量 | | | | | |
| $pro\_inc$ | 40260 | 0.081 | 0.100 | −0.070 | 0.362 |
| $asset\_debt$ | 40260 | 0.460 | 0.204 | 0.110 | 0.828 |
| $Tobinq$ | 40260 | 2.601 | 1.906 | 0.338 | 6.595 |
| $Marketvalue$ | 40260 | 22.478 | 1.003 | 19.734 | 25.428 |
| $Roe$ | 40260 | 0.079 | 0.089 | −0.064 | 0.399 |
| $Instperc$ | 40260 | 0.340 | 0.226 | 0.018 | 0.760 |
| $Closeprice$ | 40260 | 19.432 | 20.026 | 1.85 | 400.62 |

从本章使用的自然实验设定来说，涨停个股能否被交易公开信息披露完全取决于偶然因素，这也是本章得以纯粹地考察投资者关注带来的影响的主要原因。为了更直接地说明实验组和对照组之间不存在基本面差异，本章在表 4-3 中提供了实验组与对照组基本面数据的 $t$ 检验组间对比。其中第 1、2 列分别是实验组与对照组基本面变量的均值，第 3、4 列是两组股票的基本面变量差值及其标准误差，第 5、6 列则分别用 $t$ 值和 $p$ 值汇报了差异的显著性

水平。实验组和对照组在本章检验的变量中不存在显著的差异，这组对比对于研究设定非常重要，它证实了涨停个股被交易公开信息披露是由随机因素造成的，与股票本身没有直接的关系，两组股票之间的唯一区别在于实验组因为交易公开信息披露而在事件期受到了更多的市场关注。

表 4-3　实验组和对照组 $t$ 检验组间对比

| Vaviable | Disclosed=1 | Disclosed=0 | diff | std. err | t-value | p-value |
| --- | --- | --- | --- | --- | --- | --- |
| pro_inc | 0.0816 | 0.0809 | 0.0007 | 0.0011 | 0.6264 | 0.5311 |
| asset_debt | 0.4605 | 0.4602 | 0.0003 | 0.0022 | 0.1439 | 0.8856 |
| Tobinq | 2.5867 | 2.6080 | −0.0213 | 0.0203 | −1.0489 | 0.2942 |
| Marketvalue | 22.4664 | 22.4831 | −0.0167 | 0.0107 | −1.5617 | 0.1184 |
| Roe | 0.0786 | 0.0785 | 0.0001 | 0.0009 | 0.0874 | 0.9303 |
| Instperc | 0.3390 | 0.3411 | −0.0021 | 0.0024 | −0.8736 | 0.3823 |
| Closeprice | 19.3178 | 19.4859 | −0.1681 | 0.2136 | −0.7871 | 0.4312 |

注：*、**、*** 分别代表在 10%、5%、1%水平上显著（本章以下各表相同）。

## 三、实证结果与分析

### （一）投资者关注

本章采用百度搜索指数和超额换手率表征投资者关注度，利用 OLS 回归模型考察交易公开信息披露与投资者关注的关系。模型引入是否被交易公开信息披露作为主要解释变量，同时加入行业固定效应、年度固定效应和描述公司特征的控制变量。实证结果如表 4-4 第 1、2 列所示，实验组股票事件后 5 个交易日的累计超额百度搜索指数比对照组高约 0.122 千次，累计超额换手率比对照组高约 2.3 倍，这一差距不仅在统计学意义上是显著的，而且有着重要的经济学意义。交易公开信息披露使得实验组股票受到了更多的市场关注，H1 得到证实。

表 4-4　投资者关注与资金流向

| Varlable | (1) exBDidx | (2) CAT | (3) CNI_small | (4) CNI_large |
|---|---|---|---|---|
| Disclosed | 0.122*** | 2.301*** | 0.005*** | −0.015*** |
|  | (4.545) | (28.590) | (8.388) | (−2.993) |
| Constant | −27.851*** | 0.943 | −0.246*** | −0.633*** |
|  | (−71.909) | (0.814) | (−27.589) | (−8.910) |
| Observations | 40260 | 40260 | 40260 | 40260 |
| R-squared | 0.315 | 0.159 | 0.078 | 0.029 |
| Control Variables | YES | YES | YES | YES |
| Year FE | YES | YES | YES | YES |
| Industry FE | YES | YES | YES | YES |

注：括号里的数字为 $t$ 统计值。

### (二) 市场表现

1. 短期资金流向

实验组和对照组的主要差异在于交易公开信息披露所带来的受关注程度不同。本章分别用事件期累计小额交易净流入比例和大额交易净流入比例表征小额资金和大额资金的流向。OLS 模型估计结果如表 4-4 第 3、4 列所示，实验组小额交易净流入比例比对照组高 0.5%，而大额交易净流入比例比对照组低 1.5%。交易公开信息披露吸引小额资金流入的同时，降低了大额资金的流入，证实了 H2a。

2. 股价短期收益率

与 Yuan（2015）相似，本章认为交易公开信息披露带来的市场关注会降低此后的资金净流入和股价收益率。有别于 Seasholes 和 Wu（2007）所发现的，涨停的股票能够吸引投资者关注，使得股价在短期内反应过度、上涨过多。本章指出，交易公开信息披露引发的投资者关注将降低市场信息不对称程度，抑制股价过度反应。图 4-1 对比了两组股价表现，左坐标中实线和虚线分别展示了实验组和对照组的累计超额收益率，右坐标中柱状图展示了实验组和对照组累计超额收益率的差值。被披露的涨停个股与其他涨停个股相比，短期内收益率较低。

更正式地，本章采用 OLS 模型考察事件期内累计超额收益率的差异，估计结果如表 4-5 第 1 列所示。由交易公开信息披露引发的投资者关注降低了股价短期收益率，实验组在事件期内累计超额收益率显著低于对照组。平均而言，5 个交易日的累计差值为 1.641%，这一差距不但在统计学意义上是显著的，也有着重要的经济学意义，证实了 H2b。

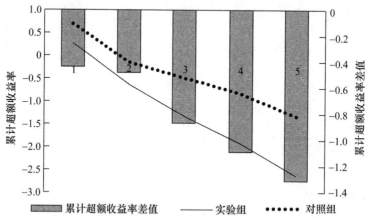

图 4-1　投资者关注与股价表现

表 4-5　投资者关注与市场表现

| Varlable | (1) CAR | (2) IdioVol | (3) Reverse |
|---|---|---|---|
| Disclosed | −1.641*** | −0.039*** | −0.154*** |
| | (−19.586) | (−10.939) | (−9.311) |
| Constant | −20.460*** | 0.183*** | −2.760*** |
| | (−16.958) | (3.543) | (−11.872) |
| Observations | 40260 | 40260 | 40260 |
| R-squared | 0.040 | 0.092 | |
| Control Variables | YES | YES | YES |
| Year FE | YES | YES | YES |
| Industry FE | YES | YES | NO |

注：括号里的数字为 $t$ 或 $Z$ 统计值。

### 3. 股价短期波动率

与 Andrei 和 Hasler（2015）相符，本章发现投资者关注使得信息更加快速地反映在价格当中，提高了市场的价格发现能力，降低了信息不对称程度，从而导致股价短期波动率下降。具体而言，本章使用 OLS 模型比较实验组和对照组在事件期异质波动率的差异，结果如表 4-5 第 2 列所示。由交易公开信息披露引发的投资者关注降低了股价短期波动率，实验组在事件期的异质波动率比对照组低 3.9%，验证了 H2c。

4. 股价长期反转可能性

Seasholes 和 Wu（2007）、冯旭南（2016）等指出，噪声交易者容易被吸引眼球的市场事件所吸引，他们集中的单向买入将会系统性地影响股票价格。具体表现为在短期内推高股价，长期内股价回归正常水平，即出现股价在长期的反转现象。与这类文献不同，本章指出监管性的信息公开能够吸引投资者关注，让他们投入更多关注度来分析和处理市场信息，降低了市场信息不对称程度，提高了市场效率，从而抑制了股价反应过度并在长期出现反转的可能性。为了检验这一推断，本章采用 Probit 模型估计股价长期反转可能性与交易公开信息披露的关系。估计结果如表 4-5 第 3 列所示，由交易公开信息披露引发的市场关注有效降低了股价反转概率，利用 Probit 模型的边际效应分析显示实验组股价发生反转的概率比对照组低 1.54%，且在统计学意义上显著。

更进一步地，本章试图通过探究投资者关注在降低信息不对称程度的情况下与股价反转之间的联系，考察投资者关注降低股价反转概率的途径。我们认为，投资者关注通过降低市场信息不对称程度减少股价长期反转的可能性。借鉴 Llorente 等（2002）、Jin 和 Myers（2006），我们采用事件前后 5 个交易日 LMSW 指数和 R2 的变化值度量信息不对称程度的变化，$delta\_LMSW$ 或 $delta\_r2$ 越大表明信息不对称程度越大。

同时，我们采用 Baron 和 Kenny（1986）的逐步检验法检验这一假设，在已知交易公开信息披露能够显著降低股价反转概率的基础上，依次检验：(1) 交易公开信息披露能否降低信息不对称程度；(2) 信息不对称程度降低能否降低股价反转概率；(3) 控制信息不对称程度变化后，交易公开信息披露对股价反转概率的影响是否减弱。我们采用 OLS 模型估计第 1 条检验，采用 Probit 模型估计第 2、3 条检验。估计结果如表 4-6 所示，分别以 $delta\_r2$（$delta\_LMSW$）作为信息不对称程度变化的代理变量，第 1、4 列表明交易公开信息披露能够降低信息不对称程度；第 2、5 列表明信息不对称程度降低能够降低股价反转概率；第 3、6 列表明控制信息不对称程度变化后，交易公开信息披露对股价反转概率的影响系数相比表 4-5 第 3 列出现了下降，但下降幅度有限，说明信息不对称程度的下降是投资者关注降低股价反转概率的中介途径之一。综上所述，H2d 得到验证。

表 4-6 投资者关注、信息不对称与股价反转概率

| Varlable | $R^2$ | | | LMSW | | |
|---|---|---|---|---|---|---|
| | (1) | (2) | (3) | (4) | (5) | (6) |
| | delta_r2 | Reverse | Reverse | delta_LMSW | Reverse | Reverse |
| Disclosed | −0.106*** | | −0.110*** | −0.058** | | −0.154*** |
| | (−22.576) | | (−6.533) | (−6.533) | | (−9.254) |
| delta_r2 | | 0.435*** | 0.422*** | | | |
| | | (24.909) | (24.025) | | | |
| delta_LMSW | | | | | 0.015*** | 0.015*** |
| | | | | | (4.867) | (4.757) |
| Constant | −0.479*** | −2.556*** | −2.599*** | −0.245 | −2.700*** | −2.759*** |
| | (−7.090) | (−10.917) | (−11.093) | (−0.643) | (−11.623) | (−11.862) |
| Observations | 40260 | 40260 | 40260 | 40260 | 40260 | 40260 |
| R-squared | 0.027 | | | 0.002 | | |
| Control Variables | YES | YES | YES | YES | YES | YES |
| Year FE | YES | YES | YES | YES | YES | YES |
| Industry FE | YES | YES | YES | YES | YES | YES |

注：括号里的数字为 $t$ 或 $Z$ 统计值。

### （三）知名营业部

投资者在关注龙虎榜上榜股票的同时，还十分关注龙虎榜披露的营业部信息，尤其是那些频繁上榜的知名营业部在投资者心中有着权威的地位。因而，这些营业部净买入的龙虎榜上榜股票将会得到更多的关注。由于频繁上榜的知名营业部能够吸引更多投资者关注，因此，本章预期这种关注将会加强相应的市场表现。本章展示了同时包括交易公开信息披露的虚拟变量及知名营业部净买入的虚拟变量的估计结果，如表 4-7 所示，并与此前研究结论进行对比：实验组超额百度搜索指数比对照组高约 0.122 千次，而知名营业部净买入的股票则比对照组高约 0.262（0.058+0.204）千次（第 1 列）；实验组超额换手率比对照组高约 2.3 倍，而知名营业部净买入的股票则比对照组

高约 2.994（1.978+1.016）倍（第 2 列）；实验组事件期累计超额收益率比对照组低 1.641%，而知名营业部净买入的股票则比对照组低 2.036%（1.457%+0.579%）（第 3 列）；实验组事件期异质波动率比对照组低 3.9%，知名营业部净买入的股票则比对照组低 5.2%（3.3%+1.9%）（第 4 列）；知名营业部净买入的股票与实验组不存在显著差异（第 5 列）。这些结果表明相较于实验组，知名营业部净买入的股票受到投资者额外更多的关注，短期股价收益率和波动率更低，反转可能性则没有显著差异，部分证实了 H3。

表 4-7 知名营业部

| Varlable | (1)<br>$exBDidx$ | (2)<br>$CAT$ | (3)<br>$CAR$ | (4)<br>$IdioVol$ | (5)<br>$Reverse$ |
| --- | --- | --- | --- | --- | --- |
| $Disclosed$ | 0.058* | 1.978*** | −1.457*** | −0.033*** | −0.156*** |
| | (1.895) | (21.782) | (−15.404) | (−8.199) | (−8.277) |
| $TopSeat$ | 0.204*** | 1.016*** | −0.579*** | −0.019*** | 0.004 |
| | (4.586) | (7.651) | (−4.184) | (−3.207) | (0.158) |
| $Constant$ | −27.782*** | 1.285 | −20.655*** | 0.176*** | −2.759*** |
| | (−71.696) | (1.109) | (−17.110) | (3.417) | (−11.859) |
| $Observations$ | 40260 | 40260 | 40260 | 40260 | 40260 |
| $R\text{-}squared$ | 0.316 | 0.160 | 0.041 | 0.481 | |
| $Control\ Variables$ | YES | YES | YES | YES | YES |
| $Year\ FE$ | YES | YES | YES | YES | YES |
| $Industry\ FE$ | YES | YES | YES | YES | YES |

注：括号里的数字为 $t$ 或 $Z$ 统计值。

## 四、稳健性检验

为了增加本章研究结论的可靠性，我们进行了一系列稳健性分析。[①]

第一，事件期时间窗口的选择。本章采用事件后 5 个交易日作为短期股

---

[①] 由于篇幅所限，稳健性检验中的具体结果没有展示，如有需要可向笔者索取（电子信箱：jia.j.chen@pku.edu.cn）。

价表现的时间窗口,也检验了事件后 3 个交易日及 20 个交易日的股价表现,得到的结论一致,说明研究结果对时间窗口选择的稳健性。

第二,双重差分(difference-in-differences,DID)方法。为了更好地控制涨跌停板规定的影响以及时间趋势的影响,我们使用 DID 方法重复本章主要的检验。在市场表现的相关回归中引入:(1)指代交易公开信息制度是否执行的虚拟变量,在 2007 年以前取值为 0,其后取值为 1;(2)指代股票是否被交易公开信息披露的虚拟变量,在制度执行的时间区间内如果被交易所披露则取值为 1,否则取值为 0,而在制度尚未执行的时间区间内则按照规则模拟判断是否应该被披露;(3)上述两个虚拟变量的交叉项。在这样的模型设定下,如果交易公开信息披露能够对股价表现产生如本章所描述的市场影响,则这种影响应当在制度开始实施后表现出来,即本章关注的重点是交叉项的估计系数。DID 方法的检验结果同样支持了本章研究结论的稳健性。

## 五、结　　论

本章利用决定涨停股票能否登上龙虎榜的这一偶然因素设计了自然实验,检验投资者关注对于股价走势的影响。我们发现投资者关注导致上榜股票相较于对照组受到更多的市场关注,在短期内有更高的网络搜索度和市场超额换手率。投资者关注吸引了小额资金的净流入,抑制了大额资金的净流入,降低了股价短期的收益率及波动率,同时通过降低市场信息不对称程度减少了股价在长期发生反转的可能性。最后,我们指出频繁登上龙虎榜的知名营业部的净买入会带来更多的市场关注,从而加强上述效应。

投资者关注作为一种在市场上广泛存在的投资者交易行为的影响因素,会对资产价格产生显著的影响。本章的研究表明,交易公开信息披露实现了提高市场效率、降低信息不对称程度、避免股价过度波动的作用。我们应当充分意识到减少资产价格中非理性成分的重要性,通过规范适度的信息披露制度和健全的投资者教育制度降低市场信息不对称程度,减少非理性的市场波动,提高市场定价效率。

 **参考文献**

[1] 岑维,李士好,童娜琼. 投资者关注度对股票收益与风险的影响——基于深市"互动易"平台数据的实证研究 [J]. 证券市场导报,2014,(7).

[2] 方颖,郭俊杰. 中国环境信息披露政策是否有效:基于资本市场反应的研究 [J]. 经济研究,2018,53(10).

[3] 冯旭南. 注意力影响投资者的股票交易行为吗?——来自"股票交易龙虎榜"的证据 [J]. 经济学(季刊),2016,15(4).

[4] 金宇超,靳庆鲁,李晓雪. 资本市场注意力总量是稀缺资源吗? [J]. 金融研究,2017,(10).

[5] 李小晗,朱红军. 投资者有限关注与信息解读 [J]. 金融研究,2011,(8).

[6] 李茁. 证交所交易信息披露的信息含量研究——基于龙虎榜数据的实证 [J]. 上海金融,2015,(11).

[7] 彭叠峰,饶育蕾,雷湘媛. 基于注意力传染机制的股市动量与反转模型研究 [J]. 中国管理科学,2015,23(5).

[8] 饶育蕾,彭叠峰,成大超. 媒体注意力会引起股票的异常收益吗?——来自中国股票市场的经验证据 [J]. 系统工程理论与实践,2010,(2).

[9] 于李胜,王艳艳,沈哲. 信息竞争性披露、投资者注意力与信息传播效率 [J]. 金融研究,2010,8.

[10] Andrei D, Hasler M. Investor Attention and Stock Market Volatility [J]. *The Review of Financial Studies*, 2015, 28 (1).

[11] Barber B M, Odean T, Zhu N. Systematic Noise [J]. *Journal of Financial Markets*, 2009a, 12 (4).

[12] Barber B M, Odean T, Zhu N. Do Retail Trades Move Markets? [J]. *The Review of Financial Studies*, 2009b, 22 (1).

[13] Barber B M, Odean T. All That Glitters: The Effect of Attention and News on the Buying Behavior of Individual and Institutional Investors [J]. *The Review of Financial Studies*, 2008, 21 (2).

[14] Baron R M, Kenny D A. The Moderator-mediator Variable Distinction in Social Psychological Research: Conceptual, Strategic, and Statistical Considerations

[J]. *Journal of Personality and Social Psychology*, 1986, 51 (6).

[15] Chan W S. Stock Price Reaction to News and No-news: Drift and Reversal After Headlines [J]. *Journal of Financial Economics*, 2003, 70 (2).

[16] Chemmanur T, Yan A. Product Market Advertising and New Equity Issues [J]. *Journal of Financial Economics*, 2009, 92 (1).

[17] Foucault T, Sraer D, Thesmar D J. Individual Investors and Volatility [J]. *The Journal of Finance*, 2011, 66 (4).

[18] Graham J R, Kumar A. Do Dividend Clienteles Exist?: Evidence on Dividend Preferences of Retail Investors [J]. *The Journal of Finance*, 2006, 61 (3).

[19] Hirshleifer D, Lim S S, Teoh S H. Limited Investor Attention and Stock Market Misreactions to Accounting Information [J]. *The Review of Asset Pricing Studies*, 2011, 1 (1).

[20] Jin L, Myers S C. R2 around the World: New Theory and New Tests [J]. *Journal of Financial Economics*, 2006, 79 (2).

[21] Lee J, Cheong H Y. Trade Size and Information-motivated Trading in the Options and Stock Markets [J]. *Journal of Financial and Quantitative Analysis*, 2001, 36 (4).

[22] Llorente G, Michaely R, Saar G, *et al*. Dynamic Volume-return Relation of Individual Stocks [J]. *The Review of Financial Studies*, 2002, 15 (4).

[23] Loh R K. Investor Inattention and the Underreaction to Stock Recommendations [J]. *Financial Management*, 2010, 39 (3).

[24] Seasholes M S, Wu G. Predictable Behavior, Profits, and Attention [J]. *Journal of Empirical Finance*, 2007, 14 (5).

[25] Shefrin H, Statman M. The Disposition to Sell Winners too Early and Ride Losers too Long: Theory and Evidence [J]. *The Journal of Finance*, 1985, 40 (3).

[26] Wang B. The Causal Effect of Investor Attention [D]. Working Paper, 2016.

[27] Yuan Y. Market-wide Attention, Trading, and Stock Returns [J]. *Journal of Financial Economics*, 2015, 116 (3).

# 5 股票波动和心血管疾病入院率

## ——来自国家保险赔付流行病学研究(NICER)的成果

2008年全球股市大跌期间，有研究者描述了股票波动与心血管疾病（CVD）之间的关联。然而，偶发的股市大跌期间，是否仍存在这种关联，我们不清楚。

我们采用时间序列的研究设计，根据覆盖中国174个主要城市的国家保险赔付流行病学研究（NICER）的数据，评估中国股市两个主要指数即上海和深圳证券交易所综合指数的每日回报率与心血管疾病及其亚型的每日入院人数之间的关系。中国股市政策限制股票每日涨跌幅度最多为前一天收盘价的10%，我们计算了每日指数收益率每变化1%时，每日因特定原因导致的心血管疾病入院人数的平均百分比变化。我们在广义相加模型中进行泊松回归来评估特定城市的关联，然后通过随机效应元分析汇集全国的总体结果。

在2014—2017年，共有8234164人次因心血管疾病入院，上海证券交易所综合指数的点位在1991.3到5166.4之间，我们观察到指数每日回报率与心血管疾病入院人数之间存在"U"形关联。指数每日回报率变化1%，当天所有心血管疾病、缺血性心脏病、中风、心力衰竭的入院人数分别增加1.28%（95% CI：1.04%—1.53%）、1.25%（95% CI：0.99%—1.51%）、1.42%（95% CI：1.13%—1.72%）、1.14%（95% CI：0.39%—1.89%）。对深圳证券交易所综合指数也观察到类似的结果。我们得出的结论是：股票波动与心血管疾病入院率的增加有关。

# 一、引　言

## （一）研究前的证据

我们在 PubMed 上搜索了 2022 年 4 月 16 日之前发表的相关研究文献，不限语言种类，使用的术语包括"股票"或"融资"，以及"心脏病""冠心病""缺血性心脏病""心肌梗死""中风"或"心力衰竭"。在查询到的 1951 篇文章中，只有 8 篇文章报告了 2008 年全球股市暴跌期间股票波动与 CVD 之间的关系。然而，这些研究针对死亡率、入院率或不同亚型心血管疾病报道的结果并不一致。股票波动与心血管疾病的关联究竟是虚假的，还是持续性的，目前还不清楚。

## （二）本研究的价值

在 2014—2017 年的中国股市动荡期间，上证指数和深证指数的每日回报率与 CVD（包括缺血性心脏病、中风和心力衰竭）入院人数的增加有明显的"U"形关联。

## （三）本研究对现有研究的意义

我们的研究使用了最广泛的数据来拓展现有关于财富和健康特别是心血管健康之间关系的知识体系。

越来越多的研究证明了财富与健康之间存在着关联性（Amsalu et al., 2019; Aoki et al., 2012; Boen et al., 2016）。研究者们一般假设，财富的损失与全因死亡风险增加有关（Carroll et al., 2012）。然而，股票波动可能在短时间内引发财富的动态变化。此前的研究已经探讨了短期股票波动与 CVD 之间的关系（Deaton, 2016; Dominici et al., 2006; Farmer, 2012）。然而，这些研究在死亡率、入院率或不同亚型心血管疾病方面使用了不同的结果定义，更重要的是，这些研究报告的股票波动与 CVD 之间的关系并不一致，它们都受到单一地点、单一 CVD 亚型或小样本的限制。此外，这些研究都是在 2008

年全球股市暴跌期间展开的，2008年股市的暴跌一定程度上标志着21世纪第一个十年大衰退的开始，但在同时也发生了一系列的自然灾害和极端天气（如四川地震、中国南方雪灾和美国艾克飓风）。这些自然灾害与CVD发生率的增加有密切联系（Inoue，2014）。此外，这些研究都没有考虑到细颗粒物（PM 2.5）这一引发CVD的新兴风险因素。

从历史的角度来看，股票市场经常会发生周期性的变化。2014—2017年，中国股市两个主要指数经历了意想不到的上涨和下跌（Chen et al.，2012）。这给我们提供了一个独特的机会来研究本世纪第二个十年的股票波动和CVD之间的关联。此外，以前的研究中对股票波动和CVD发生率的短期变化关系的调查很少考虑到股票价格的快速变化（Deaton，2016；Dominici et al.，2006），而被广泛用作疾病发病代理因素的入院人数（包括那些病情不太严重的人）预计会比死亡率本身更加敏感。因此，CVD亚型的入院情况可以更好地评估股票波动的短期变化和CVD的临床表现之间的时间序列关系（Lian et al.，2020）。本研究和此前研究的范围如图5-1所示。

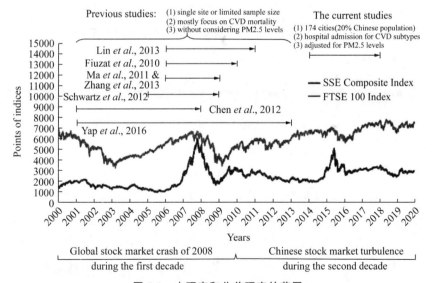

**图5-1 本研究和此前研究的范围**

注：SSE为上证指数；FTSE为富时指数。

本研究假设股票波动的短期双向变化（包括上涨和下跌）可能与CVD及其亚型的住院风险增加有关。我们利用2014—2017年全国性的理赔数据进行时间序列分析，这些数据源自中国174个主要城市的NICER。

## 二、研究设计

### （一）研究所涉城市

根据 CVD 数据的可及性和模型拟合的可行性，我们对中国 174 个城市的数据进行分析，排除了 49 个城市，一是因为这些城市没有 ICD-10 编码或诊断文本信息；二是因为这些城市每日入院人数不足，影响了模型拟合的可行性。

### （二）收集数据

中国有三个主要的医疗保险计划：针对城市雇员或退休人员的城镇职工基本医疗保险（UEBMI），针对没有正式工作的城镇居民（包括儿童）的城镇居民基本医疗保险，以及针对农村居民的新型农村合作医疗保险。到 2011 年，这三个保险计划已经覆盖了中国 92% 以上的人口（Machado et al.，2021）。私人医疗保险在中国的覆盖面很小，通常仅作为上述三个保险计划的补充。我们根据 UEBMI 情况获得了 2014 年 1 月至 2017 年 12 月 CVD 每日入院人数的数据，包括缺血性心脏病（I20—I25）、中风（I60—I63）和心衰（I50）三种情形。根据 ICD-10 编码和主要诊断文本，我们提取了每次患者入院日期、性别和年龄的数据。

在研究期间，我们使用的是上证指数和深证指数的每日信息，包括最大指数、最小指数、收盘指数和变化情况，均来自 Wind 数据库。指数的每日回报率是通过当天的变化占前一天收盘价的百分比来计算的（Ma et al.，2011）。

$$每日回报率 = （当日收盘价 - 前一日收盘价）/ 前一日收盘价$$

以前的研究表明，空气污染物如 PM 2.5 和气象条件如温度和相对湿度会影响 CVD 患者的收治（Lian et al.，2020；Lin et al.，2013；McInerney et al.，2013；McLaughlin et al.，2012），因此，我们还从国家空气污染监测系统收集了 PM 2.5 日均数据，从中国气象数据共享服务系统收集了各城市的气象数据（日均空气温度和相对湿度）。

## 三、实证结果与分析

我们采用两阶段分析方法,在不同的模型中估计上证指数和深证指数的每日回报率与 CVD 每日入院人数之间的区域和全国平均估计值。在第一阶段,我们只使用股票指数收益的绝对值,而不考虑股票指数收益的方向。我们在每个城市的广义相加模型中进行泊松回归,以估计绝对指数回报的短期暴露与 CVD 每日入院人数之间的关联。

与以前的研究相似(Lian *et al.*,2020;McInerney *et al.*,2013;McLaughlin *et al.*,2012;Pool *et al.*,2018),我们在模型中调整了每日指数回报率与 PM 2.5 日均值、温度、相对湿度、日历时间、公共假期和星期之间的关联,加入每年有七个自由度的日历时间的自然三次样条函数,以调整季节性和时间趋势。个人层面的传统风险因素(如性别、年龄和并发症)可以通过时间序列分析进行自我控制(Deaton,2016;Lian *et al.*,2020)。PM 2.5、温度和相对湿度则使用三个自由度的自然三次样条函数控制。该模型描述如下:

$$\begin{aligned} Log[E(Y_t)] = &\beta_0 + \beta_1 X_t + \beta_2 day\ of\ the\ week \\ &+ \beta_3 public\ holiday + s(calendar\ time,\ df=7/year) \\ &+ s(temperature,\ df=3) + s(relative\ humidity,\ df=3) \\ &+ s(PM\ 2.5) \end{aligned}$$

(5-1)

其中,$E(Y_t)$ 为第 $t$ 天的预期入院人数;$X_t$ 为第 $t$ 天的沪深指数绝对收益;$\beta_1$ 为绝对指数收益增加一个单位所带来的入院人数变化的对数比率;$s()$ 指自然三次样条函数;$df$ 指自由度。

我们用不同的滞后结构对模型进行拟合,以考察绝对指数收益与入院人数之间的滞后模式和时间关系。我们用 $lag0$ 指绝对指数收益率与当天入院风险之间的关联,$lag1$ 指前一天的绝对指数收益率的影响;$lag01$ 和 $lag02$ 分别指与当天和前一天/两天的平均绝对指数收益率相关的疾病风险。我们选择 $lag0$ 作为分析绝对指数收益率和入院人数之间关联的主要指标,因为它可能产生最突出的估计。在第二阶段,我们使用了随机效应元分析法,在全国范围内汇集城市的具体估计值。

除了指数的绝对收益，我们还考虑了每日指数收益的方向和范围（Deaton，2016；Dominici et al.，2006）。我们研究了每日沪深指数收益与CVD受理（$lag0$ 和 $lag1$）之间的形状关联。我们将2014—2017年的所有日期（不包括周末和法定节假日）根据每日指数回报的方向和范围分为五个类别（大跌、小跌、基本不变、小涨和大涨）。同时通过在广义相加模型中进行泊松回归来分析这五个类别与各城市CVD入院人数之间的关联。然后，为了进行国家层面的总体估计，我们首先通过随机效应元分析汇集特定城市的具体日回报类别的估计，以产生总体分类估计。另外，我们对这些城市的具体日回报类别的估计也通过局部加权散点平滑法（LOWESS）回归进行拟合，产生连续的暴露—反应关系曲线。最后，我们将各类别的估计值或连续曲线重叠起来，以比较其一致性。

我们按性别、年龄（18—64岁、65—74岁和75岁及以上）和地区生产总值（GDP）相对水平（分为三等份：低、中、高）进行分层分析，并用 Z 检验来评估各子组之间估计值的统计学上的显著差异。此外，我们还建立了元回归模型，以评估绝对指数收益率和CVD入院率之间的关系是否会受到城市特征的影响，即以每个城市的年均PM 2.5浓度、温度、相对湿度和GDP相对水平为连续变量。

## 四、稳健性检验

我们进行了以下几项敏感性分析，以评估估计的稳健性：（1）仅在数据范围≥3年或＜3年的城市汇集特定城市的估计值；（2）分别改变日历时间（每年6—12个自由度）、温度（4—6个自由度）和相对湿度（4—6个自由度）的自由度（Farmer，2012）；（3）检查PM 2.5和CVD入院率之间的关联性；（4）使用广义相加模型拟合准泊松回归和零膨胀泊松回归，检查结果的过度分散和零膨胀情况。

我们在R 3.6.0版（奥地利维也纳R统计计算基金会提供）软件中使用软件包（mgcv 1.8-36版、ggplot 2 3.3.5版和metafor 3.0-2版）进行统计分析。我们采用双侧检验，显著性水平为0.05。报告结果为综合指数日回报率增加1%所带来的每日入院人数的百分比变化和95%的置信区间。

## 五、结　　论

在2014年1月1日至2017年12月31日期间,我们确定了174个城市的8234164名CVD住院患者。所有CVD和CVD主要亚型的每日入院人数、上证和深证指数、空气污染和天气状况的汇总统计见表5-1。观察到的中位数(P25,P75)分别如下:所有CVD每日入院人数为16.0(6.0,38.0),缺血性心脏病为9.0(3.0,22.0),中风为8.0(3.0,19.0)。

表5-1　变量的描述性统计

|  | Min | P(25) | Median | P(75) | Max |
| --- | --- | --- | --- | --- | --- |
| 每日接诊病例数 |  |  |  |  |  |
| 所有心血管疾病(人) | 1.0 | 6.0 | 16.0 | 38.0 | 1789.0 |
| 缺血性心脏病(人) | 1.0 | 3.0 | 9.0 | 22.0 | 1237.0 |
| 中风(人) | 1.0 | 3.0 | 8.0 | 19.0 | 437.0 |
| 心力衰竭(人) | 0.0 | 0.0 | 0.0 | 1.0 | 352.0 |
| 上证指数 |  |  |  |  |  |
| 每日回报率(%) | −8.5 | −0.2 | 0.0 | 0.3 | 5.8 |
| 每日绝对回报率(%) | 0.0 | 0.0 | 0.2 | 0.8 | 8.5 |
| 深证指数 |  |  |  |  |  |
| 每日回报率(%) | −8.2 | −0.2 | 0.0 | 0.6 | 6.5 |
| 每日绝对回报率(%) | 0.0 | 0.0 | 0.4 | 1.1 | 8.2 |
| 空气污染和天气状况 |  |  |  |  |  |
| 气温(℃) | −38.8 | 6.7 | 16.0 | 23.0 | 42.3 |
| 相对湿度(%) | 5.0 | 55.0 | 70.0 | 82.0 | 100.0 |
| PM 2.5 (μg/m³) | 0.0 | 25.0 | 41.0 | 65.0 | 703.0 |

注:PM 2.5即细颗粒物,空气动力学当量直径小于2.5微米;P(25)=25th percentile;P(75)=75th percentile。

如图5-2所示,在研究期间,沪深证券交易所指数都经历了巨大的波动。对于上证指数来说，收盘指数的点位在1991.3到5166.4之间，每日回报率的最小值和最大值分别为－8.5%和5.8%。同样地，对于深证指数，收盘指数的点位在1007.3到3140.7之间，每日回报率的最小值和最大值分别为－8.2%和6.5%。我们评估了同一天（$lag0$）沪深指数的每日回报率与所有CVD入院人数之间的形状关联，这是一个明显的"U"形结构。当指数小幅上涨或下跌时（上证指数每日回报率在－1.75%和0.19%之间波动，或深证指数每日回报率在－1.00%和0.19%之间波动），入院人数没有变化。进一步，我们用$lag1$的模式探讨上证指数和深证指数的每日回报率与滞后一天的CVD入院人数之间的形状关联，得到了一致的结果（见图5-3）。每日回报率与滞后一天的CVD入院人数之间的关联性在0附近时比较对称。当指数大幅波动时，CVD入院人数在两个方向上增加，斜率相似。波动越大，入院人数越多，特别是对于上证指数。因此，我们接下来使用绝对指数收益率进行分析。

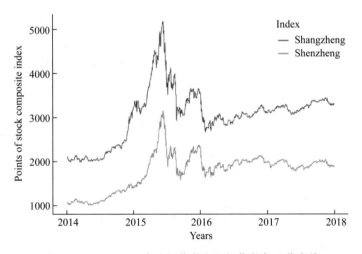

图5-2　2014—2017年上证指数和深证指数每日收盘价

在全国范围内，上证或深证指数的每日绝对收益率与所有心血管疾病、缺血性心脏病、中风和心力衰竭的入院人数增加显著相关（见图5-4）。上证指数每日收益率变化1%，当天因所有心血管疾病、缺血性心脏病、中风和心力衰竭而入院的人数分别增加1.28%（95%CI：1.04%至1.53%）、1.25%（95%CI：0.99%至1.51%）、1.42%（95%CI：1.13%至1.72%）和1.14%（95%CI：0.39%至1.89%）。同样，深证指数每日收益率变化1%，当天因

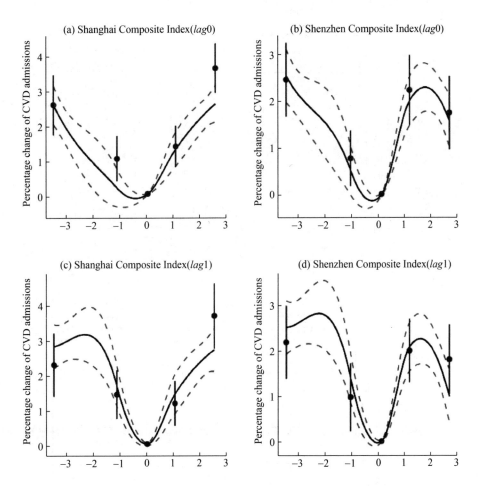

图 5-3  2014—2017 年中国 174 个城市上证和深证指数每日回报率与 CVD 入院人数平均百分比变化（%）之间的全国平均暴露—反应关联曲线*

注：*经调整的日均 PM 2.5、温度、相对湿度、日历时间、公共假期和星期。

所有心血管疾病、缺血性心脏病、中风和心力衰竭而入院的人数分别增加 1.13%（95%CI：0.90%至 1.35%）、1.11%（95%CI：0.88%至 1.34%）、1.26%（95%CI：0.99%至 1.53%）和 1.23%（95%CI：0.51%至 1.96%）。除心力衰竭外，同一次和前一次入院时的平均绝对指数收益率仍有统计学意义上的关联（lag01）。在进一步的分析中，我们研究了按中国地理区域分组的城市特定关联，发现不同地理区域的估计值大致相似。

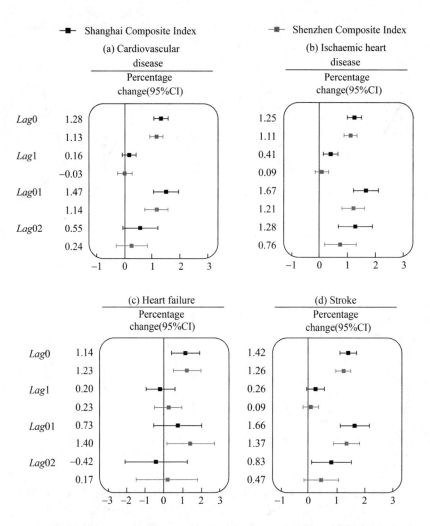

**图 5-4　2014—2017 年中国 174 个城市不同滞后日的上证和深证指数每日回报率每变化 1%，全国因特定病因的 CVD 入院人数平均百分比变化（%）**

注：* 经调整的日均 PM 2.5、温度、相对湿度、日历时间、公共假期和星期。7 个城市（池州、东莞、和田、吕梁、武威、云浮和中卫）的中风情况被排除。

对于每个主要的 CVD 亚型，我们提供了上证指数（$lag0$）和按性别、年龄、GDP 相对水平划分的入院人数之间的分组关联（见图 5-5）。每日绝对指数回报率与入院人数之间的关联在不同亚组中大致相似。

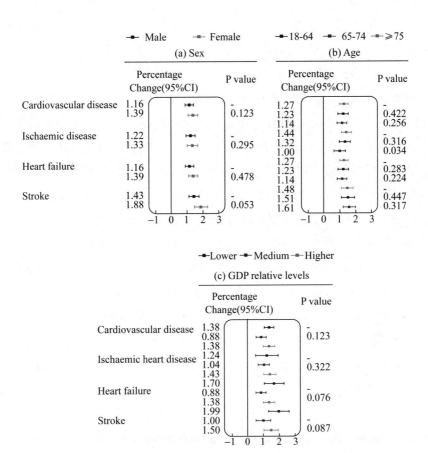

**图 5-5　按性别、年龄和 GDP 相对水平划分，上证指数（lag0）同期每日回报率
每变化 1%，全国因特定病因导致的 CVD 入院人数平均百分比变化（%）**[*]

注：[*] 经调整的日均 PM 2.5、温度、相对湿度、日历时间、公共假期和星期。7 个城市（池州、东莞、和田、吕梁、武威、云浮、中卫）的中风情况被排除。

本研究是关于股票波动风险与主要 CVD 亚型入院人数之间短期关联的范围最广的研究。我们发现，在全国范围内，上证或深证指数的每日回报率与所有 CVD、缺血性心脏病、中风和心力衰竭的入院人数增加有显著关系。

与以往基于 2008 年全球股灾期间的研究相比（Deaton，2016；Dominici et al.，2006；Farmer，2012，2015；Fiuzat et al.，2010），我们的研究有独特的机会确认 2015 年最新的中国股市动荡期间股票波动与 CVD 之间的关联，这意味着这种关联不是偶尔发现的、虚假的，也不太可能是因为受到同期自然灾害的影响。我们对心力衰竭入院人数的分析与新加坡的研究一致。同时，对于1‰的每日回报率变化,我们的点估计值(上证和深证指数分别为1.14‰和1.23‰)略低于新加坡的研究(IRR 1.026约等于2.6‰)。由于对PM 2.5水平进行了调整,我们的保守估计似乎更加合理。

分层分析显示,性别、年龄或GDP相对水平并没有改变每日回报率对CVD入院率的急性影响。同样,在多变量元回归模型中,每个城市的年均温度、相对湿度、PM 2.5和GDP相对水平也没有改变该效应。这意味着股票波动对人口层面上的CVD入院率的影响是独立的。与其他传统的风险因素不同的是,对于老年人群来说,传统风险因素可能与CVD有更大的关系,但我们在年龄分层分析中没有发现股票波动的影响有明显的年龄差异,这表明财富和健康之间的关系可能不会与年龄有很大的互动。一些研究表明,急性愤怒或情绪不安与心肌梗死和中风的发生有关(Pool et al.,2017;Schwartz et al.,2012)。然而,这些研究在年龄分层分析中也没有发现明显的差异。我们仍然需要对老年人群个人层面的详细信息进行进一步调查。

另外,我们发现股指的每日回报率与CVD入院人数之间的关联呈"U"形,曲线的两边几乎是对称的,而且是线性的。这表明,股指对CVD入院人数的影响只与股票变化的幅度有关,而与方向无关。之前在上海进行的两项研究(Deaton,2016;Dominici et al.,2006)也发现了股指变化与冠心病或中风死亡之间的"U"形关系,这与我们的发现一致。

我们有理由推测,压力可能在这种关联中起着至关重要的作用。股指的上升和下降都可能导致产生大量的情绪和生理变化。一些研究显示,负面的财富冲击和短期临床相关的健康变化之间有显著的联系,包括愤怒或情绪不安、严重的精神和身体压力、抑郁和焦虑,以及心血管功能受损(Smyth et al.,2016;Sornette et al.,2015)。有足够的流行病学证据表明,紧急情况引起的精神压力可以增加CVD的风险。例如,1995年的阪神地震(Tian et al.,2019)和2011年的"3·11"地震(Tian et al.,2018)都导致CVD风险增加。此外,急性暴露于愤怒或低落的情绪以及具有短暂影响的压力,可能成为心肌梗死和中风的诱因,这些也已被探讨过。

我们的研究有以下优势:首先,包括中国174个城市,涵盖了不同的地理特征和社会经济状况。其次,覆盖超过800万人次的CVD入院病人,具有较大的样本量和足够的统计能力。最后,以一致的研究设计和分析方法系统地研究了中国两大指数的每日回报率与CVD入院人数之间的关系，效果可以在同一框架下进行比较。

我们的研究也有一些局限性：首先，我们的研究是自然状态下进行的，其中生态谬误的存在限制了因果推断的能力。我们假设证券市场直接或间接地影响每个人。中国的证券市场正在扩大，投资者的数量也在增加（Yap et al.，2016）。除了直接在股票市场上投标，许多投资者还可能选择债券、基金或衍生品市场，这些市场也受到股票波动的影响。此外，财富变化并不局限于个人投资，而是经常表现为家庭资产，特别是在中国。股票市场的突然波动，特别是指数在趋势上的显著变化，可能反映了与社会上几乎所有人有关的基本经济环境的情况，如就业机会的减少和经济增长的放缓。之前的研究发现，股市暴跌与失业或经济衰退之间存在关联（Yin et al.，2017；Yip et al.，2012；Zeng et al.，2017）。在这方面，财富与健康之间的暴露—反应关系似乎是合理的。以前的研究发现，在2008年全球股市暴跌期间，股票波动与CVD入院人数存在关联。我们选择了中国另一个独特的重大股票市场波动，并得到了一致的结果，这表明这些发现是一致的，而非偶然。

其次，只有城市的就业人员和退休人员被包括在这个分析中，对于没有正式工作的城市居民或农村居民是否受股票波动的影响并不清楚。由于农村和城市地区在社会人口特征和经济状况方面的差异，我们的研究结果可能并不适用农村居民。

再次，与其他使用大型行政健康数据库的环境—精神健康研究一样（Zhang et al.，2009；Zhang et al.，2013），我们的研究中没有个人层面的风险因素数据，这限制了我们调整混杂因素的能力。

最后，我们的研究只使用指数的每日回报作为暴露，这可能无法从多个维度反映股票市场的表现。

我们的研究表明，股票市场的波动（包括下跌和上涨）与全国范围内因CVD及其亚型入院的风险增加有关联。我们的研究结果扩展了关于财富与健康特别是心血管健康之间关系的知识体系。

# 参考文献

[1] Amsalu E, Wang T, Li H, et al. Acute Effects of Fine Particulate Matter (PM (2.5)) on Hospital Admissions for Cardiovascular Disease in Beijing, China: A Time-series Study [J]. *Environ Health*, 2019, 18 (1).

[2] Aoki T, Fukumoto Y, Yasuda S, et al. The Great East Japan Earthquake Disaster and Cardiovascular Diseases [J]. *European Heart Journal*, 2012, 33 (22).

[3] Boen C, Yang Y C. The Physiological Impacts of Wealth Shocks in Late Life: Evidence from the Great Recession [J]. *Social Science & Medicine*, 2016, 150.

[4] Carroll D, Ginty A T, Der G, Hunt K, Benzeval M, Phillips A C. Increased Blood Pressure Reactions to Acute Mental Stress Are Associated with 16-year Cardiovascular Disease Mortality [J]. *Psychophysiology*, 2012, 49 (10).

[5] Chen C C, Chen C S, Liu T C, et al. Stock or Stroke? Stock Market Movement and Stroke Incidence in Taiwan [J]. *Social Science & Medicine*, 2012, 75 (11).

[6] Deaton A. On Death and Money: History, Facts, and Explanations [J]. *JAMA*, 2016, 315 (16).

[7] Dominici F, Peng R D, Bell M L, et al. Fine Particulate Air Pollution and Hospital Admission for Cardiovascular and Respiratory Diseases [J]. *JAMA*, 2006, 295 (10).

[8] Farmer R E A. The Stock Market Crash of 2008 Caused the Great Recession: Theory and Evidence [J]. *Journal of Economic Dynamics & Control*, 2012, 36 (5).

[9] Farmer R E A. The Stock Market Crash Really Did Cause the Great Recession [J]. *Oxford Bulletin of Economics and Statistics*, 2015, 77 (5).

[10] Fiuzat M, Shaw L K, Thomas L, et al. United States Stock Market Performance and Acute Myocardial Infarction Rates in 2008-2009 (from the

Duke Databank for Cardiovascular Disease) [J]. *The American Journal of Cardiology*, 2010, 106 (11).

[11] Gabriela S, Vincent J, Wang J, et al. Chinese Assets: The Biggest Risk for Investors Would Be to Ignore Them [EB/OL]. https://am.jpmorgan.com/content/dam/jpm-am-aem/global/en/insights/portfolio-insights/ltcma/2022/chinas-market-outlook.pdf, 2022-10-20.

[12] Gautam S, Menachem J, Srivastav S K, Delafontaine P, Irimpen A. Effect of Hurricane Katrina on the Incidence of Acute Coronary Syndrome at a Primary Angioplasty Center in New Orleans [J]. *Disaster Medicine and Public Health Preparedness*, 2009, 3 (3).

[13] Inoue N. Stress and Atherosclerotic Cardiovascular Disease [J]. *Journal of Atherosclerosis and Thrombosis*, 2014, 21 (5).

[14] Lian H, Ding X, Zhang H, et al. Short-term Effect of Stock Volatility and Cardiovascular Mortality: A Systematic Review and Meta-analysis [J]. *Annals of Translational Medicine*, 2020, 8 (20).

[15] Lin H, Zhang Y, Xu Y, et al. Large Daily Stock Variation is Associated with Cardiovascular Mortality in Two Cities of Guangdong, China [J]. *PloS One*, 2013, 8 (7).

[16] Machado S, Sumarsono A, Vaduganathan M. Midlife Wealth Mobility and Long-term Cardiovascular Health [J]. *JAMA Cardiology*, 2021, 6 (10).

[17] Ma W, Chen H, Jiang L, et al. Stock Volatility as a Risk Factor for Coronary Heart Disease Death [J]. *European Heart Journal*, 2011, 32 (8).

[18] McInerney M, Mellor J M, Nicholas L H. Recession Depression: Mental Health Effects of the 2008 Stock Market Crash [J]. *Journal of Health Economics*, 2013, 32 (6).

[19] McLaughlin K A, Nandi A, Keyes K M, et al. Home Foreclosure and Risk of Psychiatric Morbidity during the Recent Financial Crisis [J]. *Psychological Medicine*, 2012, 42 (7).

[20] Miao J J, Wang P F, Xu L F. Stock Market Bubbles and Unem-

ployment [J]. *Economic Theory*, 2016, 61 (2).

[21] Moghadamnia M T, Ardalan A, Mesdaghinia A, Keshtkar A, Naddafi K, Yekaninejad M S. Ambient Temperature and Cardiovascular Mortality: A Systematic Review and Meta-analysis [J]. *PeerJ*, 2017, 5.

[22] Pool L R, Burgard S A, Needham B L, et al. Association of a Negative Wealth Shock with All-cause Mortality in Middle-aged and Older Adults in the United States [J]. *JAMA*, 2018, 319 (13).

[23] Pool L R, Needham B L, Burgard S A, Elliott M R, de Leon C F M. Negative Wealth Shock and Short-term Changes in Depressive Symptoms and Medication Adherence among Late Middle-aged Adults [J]. *Journal of Epidemiology & Community Health*, 2017, 71 (8).

[24] Schwartz B G, Pezzullo J C, McDonald S A, et al. How the 2008 Stock Market Crash and Seasons Affect Total and Cardiac Deaths in Los Angeles County [J]. *The American Journal of Cardiology*, 2012, 109 (10).

[25] Smyth A, O'Donnell M, Hankey G J, et al. Anger or Emotional Upset and Heavy Physical Exertion as Triggers of Stroke: The INTERSTROKE Study [J]. *European Heart Journal*, 2022, 43 (3).

[26] Smyth A, O'Donnell M, Lamelas P, Teo K, Rangarajan S, Yusuf S. Physical Activity and Anger or Emotional Upset as Triggers of Acute Myocardial Infarction: The INTERHEART Study [J]. *Circulation*, 2016, 134 (15).

[27] Sornette D, Demos G, Zhang Q, et al. Real-time Prediction and Post-mortem Analysis of the Shanghai 2015 Stock Market Bubble and Crash [J]. *Swiss Finance Institute Research Paper*, 2015, (15-32).

[28] Stewart S, Keates A K, Redfern A, McMurray J J V. Seasonal Variations in Cardiovascular Disease [J]. *Nature Reviews Cardiology*, 2017, 14 (11).

[29] Tian Y, Liu H, Si Y, et al. Association between Temperature Variability and Daily Hospital Admissions for Cause-specific Cardiovascular Disease in Urban China: A National Time-series Study [J]. *PLoS Medicine*, 2019, 16 (1).

[30] Tian Y, Liu H, Wu Y, et al. Association between Ambient Fine Particulate Pollution and Hospital Admissions for Cause Specific Cardiovascular Disease: Time Series Study in 184 Major Chinese Cities [J]. *Postgraduate Medical Journal*, 2019, 367.

[31] Tian Y, Liu H, Zhao Z, et al. Association between Ambient Air Pollution and Daily Hospital Admissions for Ischemic Stroke: A Nation-wide Time-Series Analysis [J]. *PLoS Medicine*, 2018, 15 (10).

[32] Yap J, Earnest A, Lee V, et al. Impact of Stock Market Volatility on Mortality and Cardiovascular Events [J]. *International Journal of Cardiology*, 2016, 223.

[33] Yin P, He G, Fan M, et al. Particulate Air Pollution and Mortality in 38 of China's Largest Cities: Time Series Analysis [J]. *Postgraduate Medical Journal*, 2017, 356.

[34] Yip W C, Hsiao W C, Chen W, Hu S, Ma J, Maynard A. Early Appraisal of China's Huge and Complex Health-care Reforms [J]. *Lancet*. 2012, 379 (9818).

[35] Zeng J, Zhang X, Yang J, et al. Humidity May Modify the Relationship between Temperature and Cardiovascular Mortality in Zhejiang Province, China [J]. *International Journal of Environmental Research and Public Health*, 2017, 14 (11).

[36] Zhang X Q, Chen M, Yang Q, et al. Effect of the Wenchuan Earthquake in China on Hemodynamically Unstable Ventricular Tachyarrhythmia in Hospitalized Patients [J]. *The American Journal of Cardiology*, 2009, 103 (7).

[37] Zhang Y, Wang X, Xu X, et al. Stock Volatility and Stroke Mortality in a Chinese Population [J]. *Journal of Cardiovascular Medicine*, 2013, 14 (9).

# 6 金融知识和性别差异对贷款投资业绩的影响
SIX

我们使用中国一个主流互联网金融市场的数据来研究女性和男性投资者对贷款的评估是否存在差异。在控制了投资者人口统计学特征、投资经验和贷款特征等变量后,我们发现女性投资者投资的贷款比男性投资者投资的贷款更有可能在未来出现违约和贷款收益率低的情况。我们将异常违约或异常贷款收益定义为贷款违约率或贷款收益中不能被贷款特征所解释的部分,发现女性投资者投资的贷款比男性投资者投资的贷款有更高的异常违约和更低的异常贷款收益。此外,当投资者拥有高水平的教育或收入,或者当投资者在金融或 IT 行业工作时,女性投资者在异常违约或异常贷款收益方面的表现与男性投资者相似。

## 一、引 言

互联网金融市场在全球范围内迅速增长,尤其是在中国。互联网和智能手机的发展使得金融服务更加普及,也使得互联网金融市场迅速发展。特别是在新兴经济体中,有相当一部分投资者可能对金融缺乏了解,他们面临着评估互联网金融产品的收益和风险的挑战(Duarte et al., 2012;Michels, 2012)。我们使用中国互联网金融市场的交易数据来研究个人投资者如何评估这个市场的贷款表现和风险。

我们认为,在中国的互联网金融市场上,当投资者评价贷款表现时,金融知识能起到重要作用。此前的研究发现,许多国家的个人投资者没有做好金融知识的准备(Agarwal et al., 2011;Hastings et al., 2013;Lusardi and Mitchell, 2014),而受教育水平和收入较低的个人投资者最缺乏金融知识（Hastings et al., 2013; Lusardi and Mitchell, 2014）。这些"金融文盲"在中国也存在。

我们研究了金融文盲对评估贷款业绩的影响。因为互联网金融市场让难以从银行获得信贷的边缘借款人获得信贷，违约风险是影响该市场贷款绩效的最重要因素。我们认为，金融知识较少的投资者在互联网金融市场上会犯更多的错误，因为他们很难区分违约风险高和低的贷款。这一论点得到了以往文献的支持（Lusardi and Mitchell, 2007, 2008, 2011; Stango and Zinman, 2009; Skimmyhorn, 2016; Christelis et al., 2010; van Rooij et al., 2011; Yoong, 2011; Hastings and Tejeda-Ashton, 2008; Lusardi and Tufano, 2015）。

我们重点关注金融知识的性别差异。之前的研究发现，在全球范围内，男性的金融素养比女性高（Atkinson and Messy, 2011; Lusardi and Mitchell, 2014; Bucher-Koenen et al., 2017）。Xu 和 Gong（2017）发现，在中国也存在类似的金融知识的性别差异。金融知识方面的性别差异可能会对中国互联网金融市场的投资者行为产生重大影响。因为女性投资者的金融知识一般比男性投资者少，她们在贷款时往往会犯更多的金融错误。因此，女性投资者的贷款比男性投资者的贷款更易违约。由于贷款违约率较高，女性投资者的贷款收益较低。

为了研究这些假设，我们观察贷款投资交易的时间和金额，以及每笔贷款是否和何时违约。我们使用投资者的人口统计学特征，包括性别、教育程度、收入水平和年龄；考虑投资者的投资经验和时机，包括过去的违约经历和是否从事过投资工作。另外，我们的研究还涵盖了贷款特征，包括贷款收益率、贷款期限、贷款金额和衡量借款人信用度的变量。这些数据使我们能够控制那些可能与金融知识有关的因素（Huston, 2010; Fonseca et al., 2012）。

基于这些变量，我们使用倾向得分匹配（PSM）方法来匹配男性和女性投资者的交易，其中使用了人口统计学特征、投资经验和时机以及贷款特征等变量。然后我们使用匹配的样本进行分析。这种方法使我们能够尽量减少女性和男性投资者之间的差异。

我们的分析包括两个步骤。首先，研究贷款违约率和贷款收益率的性别差异。我们发现，女性投资者投资的贷款比男性投资者投资的贷款有更高的贷款违约率和更低的贷款收益率。女性和男性投资的贷款的平均违约率分别为 4.607% 和 3.856%，违约率的性别差异为 0.751%。女性和男性投资的贷款的平均收益率分别为 12.533% 和 12.575%，性别差异为 -0.041%。在控制了投资者的人口统计学特征、投资经验和时机以及贷款特征后，贷款违约率和贷款收益率方面仍存在很大的性别差异。这一结果与女性投资者比男性投资者更缺乏金融知识的直觉是一致的，女性投资者在选择投资贷款时往往会犯更多的投资错误。

其次，研究导致贷款违约和贷款回报的性别差异的原因。与男性投资者相比，女性投资者投资的贷款有更高的违约率和更低的贷款回报，这是因为她们的贷款有更多的可观察到的风险特征等。为了区分这两种原因，我们将贷款违约指标回归到贷款特征上，并收获预测值和残差值。我们将预测值命名为预测违约，将残差值命名为异常违约。同样，我们把预测贷款收益和异常贷款收益定义为贷款收益对贷款特征回归的预测值和残差值。预测违约或预测贷款收益是投资者根据可观察到的贷款特征来评估的贷款表现部分，而异常违约或异常贷款收益是投资者无法直接观察到的贷款表现部分。

当把异常违约或异常贷款收益回归到女性指标上时，我们发现女性投资者投资于异常违约较高或异常贷款收益较低的贷款多于男性投资者。在我们控制了投资者的人口统计学特征、投资经验和时机以及贷款特征之后，这些结果是稳健的。另一方面，当把预测违约或预测贷款收益回归到性别指标上时，我们没有发现女性指标的显著系数。因此，女性投资者投资的贷款相对于男性投资者投资的贷款而言，其较差的表现集中在贷款表现的非正常部分。在贷款表现的预测部分与基于可观察到的贷款特征的投资者的风险偏好有关的情况下，女性和男性投资者的投资选择并不仅仅是由他们的风险偏好的差异所驱动的。

接下来，我们研究贷款表现的性别差异是否取决于投资者的人口统计学特征。根据之前的文献记载，收入或教育水平较高的投资者具有更多的金融知识（Hastings et al., 2013; Lusardi and Mitchell, 2014），我们预计，当他们的收入和教育水平较高时，金融知识的性别差异会减少，因此女性在投资点对点市场时相对于男性犯的金融错误较少。为了证实这一直觉，我们发现在收入或教育水平较高的投资者中，女性和男性投资者在异常违约或异常贷款收益方面的差异在经济上或统计上并不显著。

然后,我们考虑在金融或IT行业工作的投资者。如果一个投资者在金融行业工作,他可能会更好地理解贷款产品的违约风险,因为他可能有更丰富的金融知识或对数字更敏感,能更好地评估贷款表现。尽管女性的量化能力可能比男性低(Jacobs,2005),但对于在金融或IT行业工作的人来说,这种量化能力的性别差异可能会更低。例如,Adams等(2019)发现,从事金融业的女性往往受到更好的数学教育。因此,我们认为,在选择贷款时,从事金融或IT行业的投资者往往比从事其他行业的投资者犯更少的错误。在这两个行业工作的投资者中,异常违约或异常贷款收益的性别差异在经济上和统计上都不明显,但在其他行业中却很明显。这些发现表明,只要有足够的金融知识或定量技能,女性投资者在选择贷款时不再比男性投资者犯更多的错误。

我们的研究对两类文献有所贡献。首先,我们对研究金融知识的文献做出了贡献,这些文献发现,金融知识较少的个人会犯更多的金融错误(Lusardi and Mitchell,2014),但很少关注投资者的金融素养与违约风险和投资收益率之间的关系,特别是在债务市场。我们对这一文献进行了补充,研究了女性和男性投资者的金融素养差异如何与他们在一个发展中的金融市场投资的不同贷款表现有关。此外,与之前使用调查和实验方式的文献不同,我们的研究使用了互联网金融市场的真实交易数据。

我们发现,女性投资者投资的贷款比男性投资者投资的贷款更容易违约,而且贷款收益率更低。这种性别差异符合这样的直觉:在中国,女性投资者的金融知识比男性投资者少,在投资时犯的错误更多。我们还发现,在适当的金融教育、收入水平或量化能力下,女性投资者可以在中国的互联网金融市场上取得和男性投资者一样的投资成绩。这一结果强调了金融教育水平在金融投资中的重要性(Lusardi and Mitchell,2008,2011)。

我们的主要研究结果与那些发现女性投资者比男性投资者更规避风险的文献并不矛盾(Croson and Gneezy,2009)。这类文献通常使用实验来隔离一个因素(如风险厌恶)的影响,控制其他因素(如教育和量化能力)的影响。例如,这些文献大多使用大学生进行实验,他们的教育水平相似。在少数不使用大学生进行实验的文献中,如有的研究的是贷款官员的行为,他们具有类似的量化能力和金融知识。因此,这些文献并不关注金融知识。与这些文献不同,我们更关注金融知识,研究投资者的金融知识与他们的贷款表现之间的关系。此外，我们使用以下方法试图控制女性和男性投资者之间风险偏好的差异：（1）倾向性评分匹配；（2）控制投资者的人口统计学特征、投资经验和时机，以及贷款特征；（3）区分贷款表现的预测和异常成分。当投资者的风险偏好反映在投资者人口统计学特征、投资经验和时机以及贷款特征的范围内时，女性和男性投资者的投资选择差异并不完全由他们的风险偏好差异所驱动。

其次，之前的文献主要关注贷款申请的特征如何影响项目的融资概率和利率（Duarte et al.，2012；Michels，2012；Lin et al.，2013），我们的研究则表明投资者的金融知识可以在这个市场上发挥重要作用。有学者研究了投资者在互联网金融市场上进行决策是否有时间压力，以及投资者的快速思维是否与互联网金融市场上的投资行为有关（Liao et al.，2017）。我们通过展示投资者人口统计学特征如何影响投资者在互联网金融市场上使用信用风险信息的方式，为这些文献做出了贡献。此外，金融知识对于互联网金融市场的健康发展是至关重要的，我们是最早研究金融知识在互联网金融市场中所扮演的角色的。

## 二、文献回顾、理论分析与研究假设

金融文盲在世界各地普遍存在（Lusardi and Mitchell，2014）。之前的研究发现，低学历和低收入的人最缺乏金融知识。相对于可以从银行获得金融服务的投资者来说，中国互联网金融市场上的投资者是那些往往收入和教育水平较低的个人。因此，金融知识可能是影响中国互联网金融市场投资者决策的一个重要因素。

金融知识较少的人往往会作出较差的经济和金融决策。他们不太可能计划退休（Lusardi and Mitchell，2007，2008，2011）、积累财富（Stango and Zinman，2009；Skimmyhorn，2016）、参与股票市场（Christelis et al.，2010；van Rooij et al. 2011；Yoong，2011），他们或许会选择费用较低的共同基金（Hastings and Tejeda-Ashton，2008）；他们更有可能使用高成本的借款（Lusardi and Tufano，2015）。因为在世界各地，男性的金融知识通常比女性多（Lusardi and Mitchell，2014；Atkinson and Messy，2011），特别是

在中国（Xu and Gong，2017），我们推测，在互联网金融市场，女性可能会比男性犯更多的金融错误。

互联网金融市场中最关键的风险是违约风险。在作出投资决定时，投资者使用贷款收益率和其他贷款特征来评估贷款的违约风险。如果是女性投资者，由于懂得的金融知识较少，在评估违约风险时会比男性投资者犯更多的金融错误，女性投资者投资的贷款将比男性投资者投资的贷款有更高的违约率。即使在控制了贷款收益率和其他贷款特征之后，这些性别差异也会存在。因此，我们提出假设：

**H1a：在其他条件不变的情况下，女性投资者投资的贷款比男性投资者投资的贷款更容易违约。**

风险较高的贷款更容易违约，并且可能有更高的贷款收益率。因此，尽管女性投资者投资的贷款比男性投资者投资的贷款有更高的平均违约率，但女性投资者投资的贷款可能有更高或更低的平均贷款收益率，这取决于较高的违约率是否被较高的贷款收益率所补偿。我们假设，因为女性投资者的金融知识比男性投资者少，女性投资者可能会被困于收益较低的贷款。

**H1b：在其他条件不变的情况下，女性投资者投资的贷款比男性投资者投资的贷款收益低。**

女性投资者投资的贷款有较高的违约率或较低的贷款收益率，可能有两个原因。首先，这些贷款可能具有更高的风险特征。其次，除可观察到的贷款特征外，其他因素可能导致更高的贷款违约率。当投资者的金融知识较少时，即使观察了贷款特征，他们也可能作出较差的投资决策。因此，我们提出假设：

**H2a：在其他条件不变的情况下，女性投资者投资的贷款比男性投资者投资的贷款有更高的异常违约率。**

**H2b：在其他条件不变的情况下，女性投资者投资的贷款比男性投资者投资的贷款有较低的异常贷款收益率。**

以前的文献指出，教育或收入水平较低的投资者往往具有较少的金融知识，更有可能犯更多的金融错误（Agarwal *et al.*，2011；Hastings *et al.*，2013；Lusardi and Mitchell，2014）。在该组投资者中，女性投资者比男性投资者更有可能犯投资错误（Bucher-Koenen *et al.*，2017）。因此，我们提出，对于金融教育和收入水平较低的投资者来说，异常违约率（异常贷款收益率）与女性指标之间的正（负）相关关系更强。

**H3a**：在其他条件不变的情况下，女性和男性投资者之间的异常违约率差异在金融教育和收入水平较低的投资者中更大。

**H3b**：在其他条件不变的情况下，女性和男性投资者之间的异常贷款收益率差异在金融教育和收入水平较低的投资者中更小。

在金融或 IT 行业工作的投资者可能有更多的金融知识以及更好的量化能力（Jacobs，2005），这些投资者可以更好地估计贷款表现。我们假设，在这些行业的投资者中，女性和男性投资者之间的异常违约率差异较小；同样，异常贷款收益率差异也较小。

**H4a**：在其他条件不变的情况下，在金融或 IT 行业工作的投资者中，女性和男性投资者之间的异常违约率差异较小。

**H4b**：在其他条件不变的情况下，在金融或 IT 行业工作的投资者中，女性和男性投资者之间的异常贷款收益率差异较小。

## 三、研究设计

我们使用了一个独特的投资者行为和人口信息的数据集，该数据集的时间跨度为 2012 年 1 月至 2015 年 12 月。这些独特的数据使我们能够识别每个投资者的交易，研究每个投资者的交易行为和表现。

我们考虑两个衡量贷款表现的标准。第一个衡量标准是到期前违约。如果贷款在到期前违约，这个变量为 1；否则，这个变量为 0。[①] 第二个衡量标准是贷款收益，我们用内部收益率（IRR）来衡量。

我们可以用贷款本金的数额（*Loan amount*），贷款期限（*T*）和贴现的还款现金流（*Repayment cash flow*）来估计贷款回报（*Loan return*），公式如下：

---

[①] 我们根据 Liao 等（2017）的研究构建内部收益率的衡量标准。我们没有将内部收益率与基准利率（如银行存款利率）进行比较，因为在分析中已经使用了月度固定效应，它涵盖了基准利率。

$$0 = -Loan\ amount + \sum_{t=1}^{T} \frac{Repayment\ cash\ flow_t}{(1+Loan\ return)^t}$$

借款人每期都要偿还本金和利息。如果贷款没有违约,借款人将向投资者全额偿还贷款本金和利息。当借款人超过 30 天未偿还时,贷款即出现违约。在贷款违约的情况下,投资者不会损失贷款本金的任何部分,但将失去剩余的利息支付部分。因此,贷款违约会使得还款现金流减少并降低贷款收益。变量定义如表 6-1 所示。

表 6-1 变量定义

| 变量 | 定义 |
| --- | --- |
| **违约** | |
| 到期前违约 | 虚拟变量,到期前违约则为 1 |
| 预测违约 | 用所有贷款层面特征回归得到的预测到期前违约值 |
| 异常违约 | 用所有贷款层面特征回归得到的预测到期前违约值的残差 |
| 贷款收益 | 内部收益率由以下方法估计: $0 = -Loan\ amount + \sum_{t=1}^{T} \frac{Repayment\ cash\ flow_t}{(1+Loan\ return)^t}$ |
| 预测收益 | 用所有贷款层面特征回归得到的预测贷款收益值 |
| 异常收益 | 用所有贷款层面特征回归得到的预测贷款收益值的残差 |
| **投资者人口统计学特征** | |
| 女性 | 虚拟变量,若投资者为女性,则为 1 |
| 单身 | 虚拟变量,若投资者为单身,则为 1 |
| 高学历 | 虚拟变量,若投资者学历为研究生以上,则为 1 |
| 高收入 | 虚拟变量,若投资者月收入在人民币 10000 元以上,则为 1 |
| 高年龄 | 虚拟变量,若投资者年龄在 30 岁以上,则为 1 |
| 拥有住房 | 虚拟变量,若投资者拥有住房,则为 1 |
| 在金融或 IT 行业工作 | 虚拟变量,若投资者在金融或 IT 行业工作,为 1 |
| **贷款特征** | |
| 贷款收益率 | 年化贷款收益率(百分比) |
| 贷款额的对数 | 贷款额(人民币)的自然对数 |
| 贷款期限 | 贷款的期限(月) |
| 信用证明 | 虚拟变量,若借款者拥有信用证明,则为 1 |
| 过往借贷 | 虚拟变量,若借款者曾成功在互联网金融平台借款,则为 1 |
| 过往欠款 | 虚拟变量,若借款者至少有过一次过往欠款,则为 1 |

(续表)

| 变量 | 定义 |
| --- | --- |
| **投资经验和时机** | |
| 过往违约 | 虚拟变量，如果投资者投资的违约率高于当月整个投资者的违约率平均值，则为1。违约率是投资者投资的违约贷款数量除以投资者投资的总贷款数量 |
| 工作时间 | 虚拟变量，如果当前交易发生在工作时间，则为1。工作时间为周一至周五的8：00至18：00 |

我们使用倾向得分匹配的方法来匹配男性和女性投资者的交易。这种匹配可以帮助缓解男性和女性投资者因其他特征不同而投资于不同贷款的影响。我们通过投资者的人口统计学特征、投资经验和时机以及贷款特征来匹配男性和女性投资者的交易。具体来说，我们估计了女性指标对投资者人口统计学、投资经验和时机以及贷款特征的 Probit 回归，并使用预测概率计算倾向得分。然后，我们用最接近的倾向分数为女性投资者的每笔交易找到一个匹配的男性投资者的交易。[①] 我们允许替换，不使用卡尺匹配。为了减轻极端观察值的潜在影响，我们对所有连续变量进行了1％和99％的缩尾处理。[②] 各变量的性别比较如表6-2所示。

匹配的样本包括1720个投资者，24763笔各不相同的贷款，以及48704条交易记录。表6-2的面板A报告了贷款业绩指标的汇总统计：到期前违约和贷款收益。在整体样本中，到期前的平均违约率为4.232％。[③]女性投资者的平均违约率高于男性投资者，女性投资者的到期前平均违约率为4.607％，男性投资者为3.856％。女性和男性投资者之间的贷款违约率差异为75.1个基点，并且具有统计学意义。整体样本中的平均贷款收益率为12.554％，女性投资者的平均贷款收益率为12.533％，低于男性投资者。女性和男性投资者的平均贷款收益率的差异是-4.1个基点，并具有统计学意义。

---

[①] Rubin（2001）认为，如果 Rubin's B 小于0.5，或者 Rubin's R 在0.5和2之间，则样本是充分平衡的。在我们的匹配样本中，Rubin's B 是0.089，Rubin's R 是0.95，表明匹配是有效的。Rubin's B 是指处理组和非处理（匹配）组之间倾向得分的线性指数的绝对差异与两个样本的线性指数的标准差的比率。Robin's R 是倾向得分的线性指数的处理组与非处理（匹配）组方差的比率。

[②] 不进行缩尾处理时，我们的结果也是稳健的。

[③] 平均违约率是基于线上或线下分别计算的。线上贷款的平均违约率为12.452％。作为比较，Duarte 等（2012）的样本中的贷款是在线发放的，平均违约率为19.87％。

表 6-2 贷款业绩、人口统计学特征、贷款特征、投资经验和时机的性别比较

| 变量 | 总 | 女性 | 男性 | 差异 | $p$ value |
|---|---|---|---|---|---|
| **面板 A：贷款业绩** | | | | | |
| 到期前违约率（%） | 4.232 | 4.607 | 3.856 | 0.751 | <0.001 |
| 贷款收益率（%） | 12.554 | 12.533 | 12.575 | −0.041 | <0.001 |
| **面板 B：人口统计学特征** | | | | | |
| 女性 | 0.500 | | | | |
| 单身 | 0.428 | 0.427 | 0.430 | −0.003 | 0.498 |
| 高学历 | 0.083 | 0.085 | 0.082 | 0.003 | 0.173 |
| 高收入 | 0.142 | 0.137 | 0.147 | −0.010 | 0.002 |
| 高年龄 | 0.676 | 0.668 | 0.684 | −0.016 | <0.001 |
| 拥有住房 | 0.254 | 0.253 | 0.256 | −0.003 | 0.486 |
| 在金融或 IT 行业工作 | 0.152 | 0.160 | 0.145 | 0.015 | <0.001 |
| **面板 C：贷款特征** | | | | | |
| 贷款收益率（%） | 12.626 | 12.611 | 12.640 | −0.028 | 0.006 |
| 贷款额的对数 | 10.931 | 10.936 | 10.927 | 0.009 | 0.217 |
| 贷款期限 | 23.332 | 23.530 | 23.133 | 0.397 | <0.001 |
| 信用证明 | 0.769 | 0.770 | 0.767 | 0.004 | 0.356 |
| 过往借贷 | 0.099 | 0.096 | 0.101 | −0.005 | 0.068 |
| 过往欠款 | 0.044 | 0.044 | 0.044 | 0.000 | 0.843 |
| **面板 D：投资经验和时机** | | | | | |
| 过往违约 | 0.443 | 0.446 | 0.440 | 0.006 | 0.192 |
| 工作时间 | 0.714 | 0.717 | 0.711 | 0.006 | 0.160 |
| 样本数量（个） | 48704 | 24352 | 24352 | | |

注：本表报告了关键变量的平均数，即报告了整体样本、女性和男性投资者的平均值、女性和男性投资者之间的平均值差异，以及对差异进行 $t$ 检验的 $p$ 值。变量的定义见表 6-1。

表 6-2 的面板 B 提供了所有投资者、女性和男性投资者的人口统计学特征的平均数。所有投资者中有 50% 是女性，因为我们使用的是倾向分数匹配样本。我们发现，女性投资者的平均收入较低，平均年龄也较低，而且女性投资者更有可能从事金融和 IT 行业。女性和男性投资者在婚姻状况、教育水平和房屋所有权状况方面没有明显差异。

表 6-2 的面板 C 报告了贷款收益率、贷款额的对数、贷款期限、信用证

书、过往借贷和过往欠款情况的汇总统计。这些贷款特征的变量能够衡量贷款的风险。在前三个变量中，平均贷款收益率、平均贷款额的对数和平均贷款期限分别为12.626%、10.931和23.332。女性投资者的平均贷款收益率（12.611%）比男性投资者（12.640%）低2.9个基点。女性投资者的贷款期限比男性投资者长，差异为39.7个基点。女性和男性投资者在贷款金额上没有明显差异。

表6-2中面板C的最后三个变量反映了借款人的个人风险状况。信用证明衡量的是借款人在申请贷款时提交有关信用风险的有效材料的程度。这些材料包括信用报告、文凭、收入报表和财产证明等。信用证明是一个虚拟变量，如果借款人至少提供一份材料，则其值为1，否则为0。过往借贷是一个虚拟变量，如果借款人过去至少有一次在互联网金融平台成功借款，则其值为1，否则为0。同样，我们将过往欠款定义为一个虚拟变量，如果借款人在互联网金融平台有过拖欠，则该变量的值为1，否则为0。信用证明、过往借贷和过往欠款的平均值为0.769、0.099和0.044。女性和男性投资者提交的贷款的信用证明、过往借贷和过往欠款的水平相似。

我们使用交易层面的数据来构建与投资者的投资经验和时机有关的变量。因为之前的文献表明，投资者的投资经验会影响他们的投资行为（Korniotis and Kumar，2011），所以我们用一个名为过往违约的变量来衡量投资者的投资经验。这个变量是一个虚拟变量，如果投资者的违约率高于当月投资者违约率的平均值，则其值为1。违约率是投资者经历的贷款违约数量除以投资者所投资的贷款的总数。这个变量反映了在调整交易强度后，投资者是否比普通投资者经历了更频繁的违约。此外，由于投资者在一天中的不同时间可能会有不同的行为，我们构建了一个名为"工作时间"的变量，以衡量交易是否发生在工作时间。如果交易发生在周一到周五的上午8点到下午6点之间，这个变量的值为1。我们用这个变量来捕捉投资时机对违约风险评估的潜在影响。

表6-2的面板D报告了过往违约和工作时间描述性统计。整体样本中过往违约的平均值为0.443。女性投资者过往违约的平均值（0.446）与男性投资者（0.440）相似，差异（0.006）在统计学上并不显著。整体样本中工作时间的平均值为0.714，这意味着71.4%的交易发生在工作时间。女性投资者的71.7%的交易发生在工作时间，而男性投资者的71.1%的交易发生在工作时间，差异在统计学上并不显著。

## 四、实证结果与分析

### （一）性别差异与贷款业绩之间的基础联系

本节研究男性和女性投资者所投资的贷款表现如何以及为何不同。在表6-3中，我们使用交易层面的数据来估计贷款收益和到期前违约对投资者性别和其他变量的回归。到期前违约是第（1）至（4）栏的因变量，而贷款收益是第（5）至（8）栏的因变量。我们估计线性概率回归，标准误差按贷款和月份进行双向分组（Petersen，2008）。[①]

在表6-3第（1）列中，我们仅对到期前的违约行为与女性虚拟变量以及月度固定效应进行回归。女性指标的系数为0.621，这意味着在控制了月度固定效应之后，女性投资者的贷款违约率比男性投资者高出62.1个基点。与整体样本的平均到期前违约率（4.232%）相比，这一系数的幅度为14.67%。在第（2）列中，在我们控制了投资者的人口统计学特征、投资者的投资经验和时机后，女性指标的系数为0.551。这个系数的大小与第（1）列相似。列（1）和列（2）的结果表明，女性投资者投资的贷款比男性投资者投资的贷款更容易发生违约。

第（2）列中控制变量的估计系数表明，收入水平较高或年龄较大的投资者违约率较低。工作时间的系数是正的，而且显著，这意味着投资者在工作时间进行的投资往往比其他时间更容易犯错。如果投资者在工作时间比其他时间更多地被投资以外的事情所占据（如工作），这个结果与投资者过于快速地思考会导致更多投资错误的直觉是一致的（Liao et al.，2017）。过往违约的系数是正的，意味着有更多过往违约经历的投资者会犯更多的投资错误。[②]

---

[①] 使用Probit回归或Logit回归，结果仍是稳健的。
[②] 我们也可以将违约率计算为投资者所经历的违约的加权平均数，以贷款规模为权重。然后，我们使用这个替代违约率来构建指标变量衡量过往违约，结果仍是稳健的。

表 6-3 回归结果

| 因变量 | 到期前违约(%)(1) | 到期前违约(%)(2) | 到期前违约(%)(3) | 到期前违约(%)(4) | 贷款收益(%)(5) | 贷款收益(%)(6) | 贷款收益(%)(7) | 贷款收益(%)(8) |
|---|---|---|---|---|---|---|---|---|
| 女性 | 0.621** (0.266) | 0.551** (0.281) | | 0.664*** (0.243) | −0.022 (0.021) | −0.021 (0.020) | | −0.012** (0.020) |
| 高收入 | | −1.625*** (0.357) | | −0.684** (0.318) | | 0.111* (0.056) | | 0.012* (0.006) |
| 高学历 | | −0.865 (0.765) | | −0.242 (0.589) | | 0.091** (0.039) | | 0.007 (0.017) |
| 高年龄 | | −1.821*** (0.412) | | −0.585 (0.388) | | 0.011 (0.032) | | 0.010 (0.008) |
| 单身 | | −0.041 (0.329) | | 0.029 (0.323) | | −0.176*** (0.046) | | 0.001 (0.008) |
| 拥有住房 | | −0.002 (0.315) | | 0.564** (0.281) | | −0.163*** (0.042) | | −0.007 (0.009) |
| 工作时间 | | 2.611*** (0.432) | | 0.847*** (0.264) | | −0.032 (0.033) | | −0.021*** (0.006) |
| 过往违约 | | 1.487*** (0.419) | | 0.208 (0.419) | | −0.089* (0.046) | | −0.015* (0.008) |
| 贷款收益率 | | | 0.991*** (0.056) | 2.442*** (0.359) | | | 0.921*** (0.003) | 0.929*** (0.013) |
| 贷款期限 | | | 0.043*** (0.008) | −0.037 (0.039) | | | 0.008*** (0.000) | 0.006*** (0.001) |

(续表)

| 因变量 | 到期前违约 (%) (1) | 到期前违约 (%) (2) | 到期前违约 (%) (3) | 到期前违约 (%) (4) | 贷款收益 (%) (5) | 贷款收益 (%) (6) | 贷款收益 (%) (7) | 贷款收益 (%) (8) |
|---|---|---|---|---|---|---|---|---|
| 信用证明 | | | −15.285*** (0.220) | −12.378*** (1.249) | | | 0.281*** (0.010) | 0.127** (0.022)* |
| 过住欠款 | | | 11.580*** (0.432) | 13.600*** (1.856) | | | −0.044*** (0.014) | −0.138*** (0.031) |
| 过住借贷 | | | 4.015*** (0.299) | 5.307*** (1.138) | | | −0.175*** (0.020) | −0.034* (0.020) |
| 贷款额的对数 | | | −0.733*** (0.102) | −0.355 (0.310) | | | 0.001 (0.005) | −0.009 (0.009) |
| 月度固定效应 | YES | YES | NO | YES | YES | YES | NO | YES |
| 样本数量（个） | 48704 | 48704 | 74271 | 48704 | 48704 | 48704 | 74271 | 48704 |
| Adj. R-squared | 0.013 | 0.020 | 0.125 | 0.120 | 0.256 | 0.265 | 0.680 | 0.855 |

注：本表第（1）（2）（4）列报告了交易层面的到期前违约对女性虚拟变量和控制变量的回归。第（3）列报告了贷款层面的到期前违约对女性虚拟变量和控制变量的回归。第（5）（6）（8）列报告了贷款收益对女性虚拟变量和控制变量的交易层面的回归。第（7）列报告了贷款收益对贷款特征的贷款层面的回归。标准差按贷款和月份进行双向分组，并在括号内报告。变量的定义见表6-1。*、**、***分别表示在10%、5%、1%水平上显著（本章以下各表相同）。

在第（3）列中，我们在贷款层面对到期前违约与贷款收益和贷款特征进行回归。在这个回归中，我们使用可观察的贷款变量来预测贷款违约。我们发现，贷款收益率、贷款期限、过往欠款和过往借贷与违约概率正相关，而信用证明和贷款金额与违约概率负相关。这些系数的正负性与具有较高风险特征的贷款更经常违约的直觉是一致的。我们用这个模型将违约风险分解为两部分：预测违约和异常违约。预测违约是这个回归的拟合值，而异常违约是这个回归的残差。预测违约是投资者可以用可观察的贷款变量来衡量的违约风险部分，而非正常违约与可观察的变量没有关系。

在第（4）列中，我们对到期前违约与投资者人口统计学特征和贷款特征进行回归。女性指标的系数意味着女性投资者投资的贷款的违约概率比男性投资者高 0.664%。这一结果与假设 H1a 一致。在控制变量中，我们发现到期前违约与贷款收益率、过往欠款和过往借贷正相关，与贷款期限、信用证明和贷款金额的对数负相关。这些系数的正负性与风险较高的贷款有较高违约概率的直觉基本一致。

在第（5）至（8）列中，我们对贷款收益率与女性指标、投资者人口统计学特征和贷款特征进行回归。在第（5）列中，我们只对贷款收益率与月度固定效应的女性指标进行回归。女性指标的系数为 $-0.022$，这意味着女性投资者的平均贷款收益率比男性投资者低 2.2 个基点。这个系数的大小是整体样本平均贷款收益率（12.554%）的 0.175% 和整体样本贷款收益率标准差（1.168%）的 1.884%。这表明，女性和男性投资者之间的贷款收益率在经济学上的差异很小，而违约率的差异却很大。这是因为在我们的样本期间，如果出现违约，互联网金融平台会偿还投资者的贷款本金，因此，违约对贷款表现的影响相对较小。

在第（6）列中，我们对贷款收益率与女性指标和投资者人口统计学特征变量进行回归。女性指标的系数为 $-0.021$，与第（5）列中女性指标的系数相似。

在第（7）列中，我们对贷款收益率与贷款特征变量进行回归。我们发现，贷款收益率与贷款期限、信用证明和贷款金额的对数正相关，而与过往欠款和过往借贷负相关。这些系数的正负性与风险较高的贷款有较低的贷款收益的直觉基本一致。我们用第（7）栏的回归结果将贷款收益分解为两个部分：预测贷款收益和异常贷款收益。预测贷款收益是这个回归的拟合值，而异常贷款收益是这个回归的残差。预测贷款收益是投资者可以使用可观察的贷款变量来评估的贷款收益部分，而异常贷款收益则与可观察的贷款变量无关。

在第（8）列中，我们在控制投资者人口统计学特征和贷款特征变量的情况下，将贷款收益率回归到女性指标上。女性指标的系数为-0.012，表明在控制了贷款收益率和投资者收入、教育水平、年龄、经验以及贷款特征之后，女性投资者的平均贷款收益率低于男性投资者。这个系数的绝对值大小比第（5）列中女性指标的系数绝对值减少了42.86%，而在第（5）列中，女性指标是唯一的解释变量。这一结果说明，投资者性别对贷款收益的影响大部分没有被控制变量所解释。

### （二）异常贷款表现

为了进一步了解违约和贷款收益中没有被可观察变量解释的部分，我们研究了异常违约和异常贷款收益与投资者性别的关系。在表6-4中，我们列出了预测违约、异常违约、预测贷款收益和异常贷款收益的概率平均数。女性投资者投资贷款的平均预测违约率与男性投资者相似，差异为-0.099%，$p$值为0.121。与预测违约的样本平均数4.598%相比，这个差异是-2.15%。女性投资者投资贷款的平均异常违约率要高于男性投资者。女性投资者的平均异常违约率为-0.018%，而男性投资者的平均异常违约率为-0.845%，差异为0.827%，$p$值小于0.001。这个性别差异的幅度是平均异常违约率（-0.432%）的191.4%。我们在图6-1中绘制了女性与男性投资者到期前违约、预测违约和异常违约的概率平均数。该图显示了与表6-4所示数据相似的模式。女性投资者的平均到期前违约率高于男性投资者；女性投资者的平均预测违约率与男性投资者相似；女性投资者的平均异常违约率高于男性投资者。因此，异常违约推动了女性和男性投资者之间的违约差异。这些结果与我们的假设H1a和H2a一致。

表6-4的描述性统计显示，女性投资者投资贷款的平均预测贷款收益率和平均异常贷款收益率都低于男性投资者。女性投资者的平均预测贷款收益率为12.472%，男性投资者的平均预测贷款收益率为12.495%，差异是-2.3

个基点，$p$ 值为 0.016。这个差异是整个样本平均预测贷款收益率（12.484%）的 −0.184%。女性投资者的平均异常贷款收益率为 0.066%，男性投资者的平均异常贷款收益率为 0.085%，差异为 −1.8 个基点，$p$ 值小于 0.001。这一性别差异的幅度是整个样本平均异常贷款收益率（0.076%）的 −23.7%。这些结果表明，女性投资者的贷款收益率、预测贷款收益率和异常贷款收益率都比男性投资者低。我们在图 6-2 中绘制了女性和男性投资者贷款收益、预测贷款收益和异常贷款收益的概率平均值。该图显示了与表 6-4 所示数据相似的模式。这些结果与我们的假设 H1b 和 H2b 是一致的。

表 6-4 贷款业绩的组成部分的平均值

| 业绩 | 总（%） | 女性（%） | 男性（%） | 差异（%） | $p$-value |
| --- | --- | --- | --- | --- | --- |
| 预测违约 | 4.598 | 4.548 | 4.647 | −0.099 | 0.121 |
| 异常违约 | −0.432 | −0.018 | −0.845 | 0.827 | <0.001 |
| 预测贷款收益 | 12.484 | 12.472 | 12.495 | −0.023 | 0.016 |
| 异常贷款收益 | 0.076 | 0.066 | 0.085 | −0.018 | <0.001 |
| 样本数量（个） | 48704 | 24352 | 24352 | | |

注：本表报告了到期前违约和贷款收益的组成部分的平均数。预测违约是贷款层面到期前违约对贷款特征的回归结果的预测值。异常违约是前一个回归的残差。预测贷款收益是贷款收益对贷款特征的回归结果的预测值。异常贷款收益是前一个回归的残差。变量定义见表 6-1。

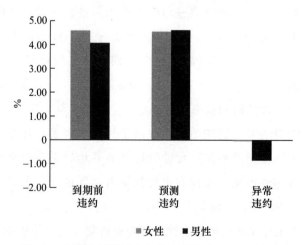

图 6-1 女性和男性投资者的平均违约及其组成部分

# 6 金融知识和性别差异对贷款投资业绩的影响

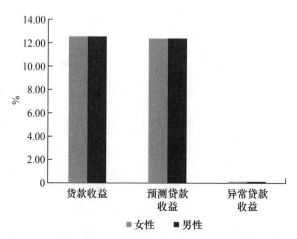

**图 6-2　女性和男性投资者的平均贷款收益及其组成部分**

为了研究性别差异在违约和贷款收益构成中的统计学意义，我们将预测违约、异常违约、预测贷款收益和异常贷款收益对女性指标和控制变量进行回归。在表 6-5 第（1）列中，我们估计了预测违约对女性指标的单变量回归，并带有时间固定效应。在第（2）列中，我们控制了投资者人口统计学特征变量。在第（3）列中，我们控制了投资者人口统计学特征和贷款特征变量。女性指标在第（1）（2）（3）列中的系数分别为 －0.015、－0.071 和 0.001，在统计上不显著。结果表明，预测贷款违约在女性和男性投资者之间没有明显差异。在第（4）列中，我们用时间固定效应对女性指标的异常违约进行回归，并在第（5）（6）列中进一步加入投资者人口统计学特征和贷款特征的控制变量。这三个回归的结果显示，女性投资者的违约率高于男性投资者。女性指标的系数分别为 0.616、0.603 和 0.640，并具有统计学意义。系数的大小在经济上是显著的。表 6-4 中整体样本平均异常贷款违约率为 －0.432%。可见，在控制了投资者的人口统计学特征和贷款特征后，女性投资者的异常贷款违约率比男性投资者高。这一结果与假设 H2a 一致。

**表 6-5　预测和异常违约的性别差异**

| 因变量 | 预测违约(1) | 预测违约(2) | 预测违约(3) | 异常违约(4) | 异常违约(5) | 异常违约(6) |
| --- | --- | --- | --- | --- | --- | --- |
| 女性 | －0.015 | －0.071 | －0.001 | 0.616** | 0.603** | 0.640** |
|  | (0.142) | (0.151) | (0.016) | (0.246) | (0.250) | (0.250) |

（续表）

| 因变量 | 预测违约(1) | 预测违约(2) | 预测违约(3) | 异常违约(4) | 异常违约(5) | 异常违约(6) |
| --- | --- | --- | --- | --- | --- | --- |
| 高收入 |  | −1.107*** (0.185) | −0.069*** (0.023) |  | −0.501 (0.318) | −0.606* (0.315) |
| 高学历 |  | −0.746*** (0.278) | −0.048* (0.028) |  | −0.102 (0.601) | −0.184 (0.577) |
| 高年龄 |  | −1.267*** (0.182) | −0.039* (0.022) |  | −0.524 (0.382) | −0.521 (0.385) |
| 单身 |  | 0.025 (0.201) | 0.020 (0.021) |  | −0.055 (0.318) | 0.021 (0.314) |
| 拥有住房 |  | −0.500*** (0.147) | −0.043** (0.020) |  | 0.498* (0.272) | 0.598** (0.277) |
| 工作时间 |  | 1.949*** (0.243) | 0.089*** (0.015) |  | 0.617** (0.275) | 0.724*** (0.253) |
| 过往违约 |  | 1.491*** (0.266) | 0.068*** (0.017) |  | −0.012 (0.324) | 0.132 (0.301) |
| 贷款收益率 |  |  | 1.110*** (0.028) |  |  | 1.226*** (0.346) |
| 贷款期限 |  |  | 0.028*** (0.002) |  |  | −0.055 (0.038) |
| 信用证明 |  |  | −14.523*** (0.070) |  |  | 1.952 (1.192) |
| 过往欠款 |  |  | 6.883*** (0.653) |  |  | 6.943*** (2.262) |
| 过往借贷 |  |  | 4.735*** (0.184) |  |  | 0.238 (1.124) |
| 贷款额的对数 |  |  | −0.758*** (0.025) |  |  | 0.426 (0.296) |
| 月度固定效应 | YES | YES | YES | YES | YES | YES |
| 样本数量（个） | 48704 | 48704 | 48704 | 48704 | 48704 | 48704 |
| Adj. *R*-squared | 0.217 | 0.257 | 0.977 | 0.019 | 0.019 | 0.029 |

注：本表报告了预测和异常违约对女性指标和控制变量的回归。预测违约是到期前违约对贷款特征回归的预测值，异常违约是前一个回归的残差值。标准误差按贷款和月份进行了双向分组，并在括号内报告。

我们在表 6-6 中研究了预测和异常贷款收益,回归方式与表 6-5 相同。第(1)(2)(3)列的因变量是预测贷款收益,第(4)(5)(6)列的因变量是异常贷款收益。我们在第(1)和(4)列中使用女性指标作为唯一的解释变量,并在其他列中加入投资者人口统计学特征和贷款特征变量。在第(1)至(3)列中,女性指标的系数为负,统计学上不显著。在第(4)至(6)列中,女性指标的系数为-0.012、-0.013 和-0.011,并且在统计学上显著。这些系数意味着女性投资者的平均异常收益率要低于男性投资者。这一结果与假设 H2b 是一致的。

表 6-6 预测和异常贷款收益的性别差异

| 因变量 | 预测贷款收益(1) | 预测贷款收益(2) | 预测贷款收益(3) | 异常贷款收益(4) | 异常贷款收益(5) | 异常贷款收益(6) |
| --- | --- | --- | --- | --- | --- | --- |
| 女性 | -0.010 (0.021) | -0.009 (0.020) | -0.001 (0.001) | -0.012** (0.006) | -0.013** (0.006) | -0.011** (0.006) |
| 高收入 | | 0.115** (0.053) | 0.000 (0.001) | | -0.006 (0.007) | 0.009 (0.006) |
| 高学历 | | 0.092** (0.040) | -0.001 (0.001) | | -0.002 (0.015) | 0.005 (0.015) |
| 高年龄 | | 0.017 (0.033) | 0.002*** (0.001) | | -0.004 (0.009) | 0.011 (0.009) |
| 单身 | | -0.181*** (0.046) | 0.001 (0.001) | | -0.001 (0.008) | -0.003 (0.007) |
| 拥有住房 | | -0.154*** (0.042) | 0.001 (0.001) | | -0.010 (0.007) | -0.006 (0.007) |
| 工作时间 | | -0.033 (0.033) | -0.001* (0.001) | | 0.004 (0.006) | -0.017*** (0.005) |
| 过往违约 | | -0.090* (0.045) | 0.001 (0.045) | | -0.002 (0.010) | -0.018** (0.008) |
| 贷款收益率 | | | 0.931*** (0 002) | | | 0.021* (0 012) |
| 贷款期限 | | | 0.007*** (0.000) | | | -0.003*** (0.001) |
| 信用证明 | | | 0.276*** (0.002) | | | -0.135*** (0.022) |

(续表)

| 因变量 | 预测贷款收益（1） | 预测贷款收益（2） | 预测贷款收益（3） | 异常贷款收益（4） | 异常贷款收益（5） | 异常贷款收益（6） |
| --- | --- | --- | --- | --- | --- | --- |
| 过往欠款 | | | −0.117*** (0.008) | | | −0.031 (0.029) |
| 过往借贷 | | | −0.055*** (0.004) | | | 0.014 (0.018) |
| 贷款额的对数 | | | −0.005*** (0.002) | | | −0.006 (0.007) |
| 月度固定效应 | YES | YES | YES | YES | YES | YES |
| 样本数量（个） | 48704 | 48704 | 48704 | 48704 | 48704 | 48704 |
| Adj. $R$-squared | 0.230 | 0.240 | 0.999 | 0.073 | 0.073 | 0.097 |

注：本表报告了预测和异常贷款收益对女性指标和控制变量的回归结果。预测贷款收益是贷款收益对贷款特征回归的预测值，异常贷款收益是前一个回归的残差值。标准误差按贷款和月份进行双向分组，并在括号内报告。

### （三）投资者组别

我们按投资者性别和收入水平、教育水平和行业对观察结果进行分组，并研究投资者群体之间异常贷款表现的性别差异。① 我们在图 6-3 中画出每个群体的平均异常违约。在图 6-3（a）中，我们发现，在低收入组中，女性和男性投资者之间异常违约的差异是正的，在高收入组中，这一差异则接近于零。同样，在图 6-3（b）中，异常违约的性别差异在低学历组中为正，在高学历组中接近于零。然后我们在表 6-7 面板 A 中检验上述异常违约差异的统计学意义。第（1）到（4）列显示，女性指标的系数在低收入组和低学历组中都是正的，而且是显著的，但在高收入组和高学历组中没有统计学意义。这一结果与假设 H3a 相一致。这些结果也表明，高学历和高收入水平的女性投资者在投资同行市场时可以和男性投资者一样表现出色。

---

① 我们将高学历群体定义为硕士研究生或更高学历的投资者；将高收入群体定义为月收入高于 10000 元人民币的投资者。

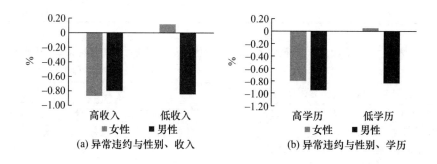
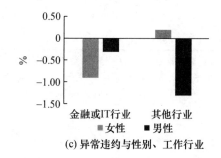

图 6-3 不同投资者群体的平均异常违约

表 6-7 收入水平、教育水平、投资经验和性别对贷款投资业绩的影响

| 变量 | (1)<br>高收入 | (2)<br>低收入 | (3)<br>高学历 | (4)<br>低学历 | (5)<br>金融或<br>IT 行业 | (6)<br>其他行业 |
|---|---|---|---|---|---|---|
| 面板 A：异常违约作为因变量 | | | | | | |
| 女性 | 0.147<br>(0.571) | 0.727**<br>(0.286) | −0.192<br>(0.973) | 0.695***<br>(0.251) | −0.684<br>(0.646) | 1.290***<br>(0.341) |
| 投资者人口统计学特征 | YES | YES | YES | YES | YES | YES |
| 贷款特征 | YES | YES | YES | YES | YES | YES |
| 月度固定效应 | YES | YES | YES | YES | YES | YES |
| 样本数量（个） | 6901 | 41803 | 4055 | 44649 | 7413 | 23149 |
| Adj. $R$-squared | 0.030 | 0.030 | 0.038 | 0.030 | 0.035 | 0.041 |
| 面板 B：异常贷款收益作为因变量 | | | | | | |
| 女性 | −0.010<br>(0.012) | −0.012*<br>(0.006) | 0.007<br>(0.027) | −0.012**<br>(0.006) | 0.010<br>(0.014) | −0.023***<br>(0.008) |

(续表)

| 变量 | (1)<br>高收入 | (2)<br>低收入 | (3)<br>高学历 | (4)<br>低学历 | (5)<br>金融或<br>IT行业 | (6)<br>其他行业 |
|---|---|---|---|---|---|---|
| 面板B：异常贷款收益作为因变量 | | | | | | |
| 投资者人口统计学特征 | YES | YES | YES | YES | YES | YES |
| 贷款特征 | YES | YES | YES | YES | YES | YES |
| 月度固定效应 | YES | YES | YES | YES | YES | YES |
| 样本数量（个） | 6901 | 41803 | 4055 | 44649 | 7413 | 23149 |
| Adj. R-squared | 0.137 | 0.093 | 0.123 | 0.097 | 0.132 | 0.110 |

注：本表报告了异常违约和异常贷款收益对投资者群体的女性指标和控制变量的回归。投资者群体包括收入水平高或者低的投资者，受教育水平高或者低的投资者，以及在金融或IT行业工作或者在其他行业工作的投资者。标准误差按贷款和月份进行双向分组，并在括号内报告。

图6-3（c）显示了按投资者性别和行业分组的投资者到期前平均违约情况。我们区分了在金融或IT行业工作的投资者和在其他行业工作的投资者。在金融或IT行业工作的投资者往往比在其他行业工作的投资者有更好的数学分析能力。因此，他们有可能更好地评估违约风险和贷款收益。在金融或IT行业，女性投资者的平均异常违约率要低于男性投资者。对于在其他行业工作的投资者，结果相反：女性投资者的平均异常违约率高于男性投资者。为了研究上述模式的统计学意义，我们在表6-7的第（5）和（6）列分别对这两组投资者的异常违约对女性指标和控制变量进行回归。我们发现，女性指标的系数对于其他行业来说是正的，而且是显著的，但对于金融或IT行业来说并不显著。这一结果与假设H4a一致，表明在有足够的金融知识或量化能力的情况下，女性投资者在投资同行市场时不会比男性投资者犯更多的金融错误。

在图6-4中，我们同样按收入水平、教育水平或行业对投资者进行分组，并绘制出每个组的平均异常贷款收益率。我们发现，女性投资者和男性投资者之间的平均异常贷款收益率的差异在低收入组高于高收入组，在低学历组高于高学历组，在金融或IT行业低于其他行业。然后我们在表6-7面板B中研究这些模式的统计学意义。我们发现，女性指标的系数对于低收入、低学历和其他行业来说是负的，并且是显著的，而对于其他组则不显著。这些结果与假设 H3b 和 H4b 一致。这意味着，具有高收入或高学历的女性投资者，或者具有足够的金融知识或量化能力的女性投资者，在同行市场上可以和男性投资者一样表现出色。

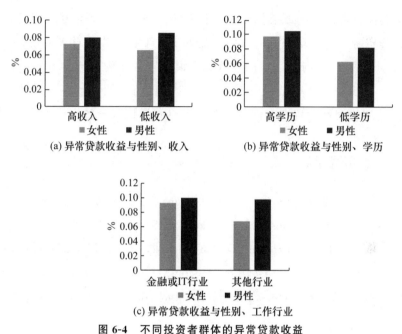

图 6-4  不同投资者群体的异常贷款收益

## 五、结　　论

我们研究了互联网金融市场的违约风险和贷款表现如何取决于投资者的性别。为此，我们将贷款违约的信息、交易层面的信息以及一个大型互联网金融市场的投资者人口统计学数据结合起来，我们发现，与男性投资者投资的那些贷款相比，女性投资者投资的贷款更易发生违约，而且贷款收益更低。这些结果在控制了投资者人口统计学特征、投资经验和贷款特征后是稳健的。在记录了违约风险和贷款收益的性别差异后，我们又研究了驱动这种性别差异的原因，即女性投资者倾向投资于具有一些可观察特征、可被识别出具有较高风险的贷款，或由于其他原因。我们将违约指标回归到贷款收益率和贷款特征上。我们把这个回归的预测值命名为预测违约或预测贷款收益，把这个回归的残差命名为异常违约或异常贷款收益。我们发现,残差部分解释了贷款违约和贷款收益的性别差异。女性投资者的预测违约和预测贷款收益与男性投资者相似,但女性投资者的异常违约高于男性投资者,异常贷款收益低于男性投资者。这些结果与女性投资者的金融知识和评估违约风险的能力比男性投资者低这一认识是一致的。此外,对于收入或教育水平较高的投资者或者在金融或 IT 行业工作的投资者来说,异常违约和异常贷款收益的性别差异并不明显。这些结果表明,教育水平较高、拥有较多金融知识或量化能力较高的女性投资者在同行市场上可以和男性投资者一样表现出色。

## 参考文献

[1] Adams R B, Barber B M, Odean T. The Math Gender Gap and Women's Career Outcomes [J]. Available at SSRN 2933241, 2019.

[2] Agarwal S, Amromin G, Ben-David I, et al. Financial Counseling, Financial Literacy, and Household Decision Making [J]. *Financial Literacy: Implications for Retirement Security and the Financial Marketplace*, 2011, 181.

[3] Atkinson A, Messy F A. Assessing Financial Literacy in 12 Countries: An OECD/INFE International Pilot Exercise [J]. *Journal of Pension Economics & Finance*, 2011, 10 (4).

[4] Bucher-Koenen T, Lusardi A, Alessie R, et al. How Financially Literate are Women? An Overview and New Insights [J]. *Journal of Consumer Affairs*, 2017, 51 (2).

[5] Christelis D, Jappelli T, Padula M. Cognitive Abilities and Portfolio Choice [J]. *European Economic Review*, 2010, 54 (1).

[6] Croson R, Gneezy U. Gender Differences in Preferences [J]. *Journal of Economic Literature*, 2009, 47 (2).

[7] Duarte J, Siegel S, Young L. Trust and Credit: The Role of Appearance in Peer-to-peer Lending [J]. *The Review of Financial Studies*, 2012, 25 (8).

[8] Fonseca R, Mullen K J, Zamarro G, et al. What Explains the Gen-

der Gap in Financial Literacy? The Role of Household Decision Making [J]. *Journal of Consumer Affairs*, 2012, 46 (1).

[9] Freedman S, Jin G Z. The Information Value of Online Social Networks: Lessons from Peer-to-peer Lending [J]. *International Journal of Industrial Organization*, 2017, 51.

[10] Hastings J S, Madrian B C, Skimmyhorn W L. Financial Literacy, Financial Education, and Economic Outcomes [J]. *Annual Review of Economics*, 2013, 5 (1).

[11] Hastings J S, Tejeda-Ashton L. Financial Literacy, Information, and Demand Elasticity: Survey and Experimental Evidence from Mexico [R]. National Bureau of Economic Research, 2008.

[12] Huston S J. Measuring Financial Literacy [J]. *Journal of Consumer Affairs*, 2010, 44 (2).

[13] Iyer R, Khwaja A I, Luttmer E F P, et al. Screening Peers Softly: Inferring the Quality of Small Borrowers [J]. *Management Science*, 2016, 62 (6).

[14] Jacobs J E. Twenty-five Years of Research on Gender and Ethnic Differences in Math and Science Career Choices: What Have We Learned? [J]. *New Directions for Child and Adolescent Development*, 2005, (110).

[15] Korniotis G M, Kumar A. Do Older Investors Make Better Investment Decisions? [J]. *The Review of Economics and Statistics*, 2011, 93 (1).

[16] Liao L, Wang Z, Xiang J, et al. Thinking Fast, Not Slow: Evidence from Peer-to-peer Lending [D]. Kelley School of Business Research Paper, 2017.

[17] Lin M, Prabhala N R, Viswanathan S. Judging Borrowers by the Company They Keep: Friendship Networks and Information Asymmetry in Online Peer-to-peer Lending [J]. *Management Science*, 2013, 59 (1).

[18] Lusardi A, Mitchell O S. Baby Boomer Retirement Security: The Roles of Planning, Financial Literacy, and Housing Wealth [J]. *Journal of Monetary Economics*, 2007, 54 (1).

[19] Lusardi A, Mitchell O S. Planning and Financial Literacy: How Do Women Fare? [J]. *American Economic Review*, 2008, 98 (2).

[20] Lusardi A, Mitchell O S. Financial Literacy Around the World: An Overview [J]. *Journal of Pension Economics & Finance*, 2011, 10 (4).

[21] Lusardi A, Mitchell O S. The Economic Importance of Financial Literacy: Theory and Evidence [J]. *American Economic Journal: Journal of Economic Literature*, 2014, 52 (1).

[22] Lusardi A, Tufano P. Debt Literacy, Financial Experiences, and Over-indebtedness [J]. *Journal of Pension Economics & Finance*, 2015, 14 (4).

[23] Michels J. Do Unverifiable Disclosures Matter? Evidence from Peer-to-peer Lending [J]. *The Accounting Review*, 2012, 87 (4).

[24] Petersen M A. Estimating Standard Errors in Finance Panel Data Sets: Comparing Approaches [J]. *The Review of Financial Studies*, 2008, 22 (1).

[25] Rubin D B. Using Propensity Scores to Help Design Observational Studies: Application to the Tobacco Litigation [J]. *Health Services and Outcomes Research Methodology*, 2001, 2.

[26] Skimmyhorn W. Assessing Financial Education: Evidence from Boot Camp [J]. *American Economic Journal: Economic Policy*, 2016, 8 (2).

[27] Stango V, Zinman J. Exponential Growth Bias and Household Finance [J]. *The Journal of Finance*, 2009, 64 (6).

[28] van Rooij M, Lusardi A, Alessie R. Financial Literacy and Stock Market Participation [J]. *Journal of Financial Economics*, 2011, 101 (2).

[29] Wang Y. Time Is Money? —Time Pressure and Investor Behavior: Evidence from Peer-to-Peer Lending [D] (SSRN Scholarly Paper No. ID 2821361). Social Science Research Network, 2016.

[30] Xu J, Gong L. Financial Literacy around the World [D]. Working Paper, 2017.

[31] Yoong J. Financial Illiteracy and Stock Market Participation: Evidence from the RAND American Life Panel [J]. *Financial Literacy: Implications for Retirement Security and the Financial Marketplace*, 2011, 76.

# 7 谁说女子不如男？
SEVEN

## ——互联网金融投资行为与过度自信

本章利用某网站5000多名投资者的交易数据，提供了互联网金融市场上男性过度自信的新证据。以往文献多分析股票市场中的性别效应，但由于股票交易的复杂性，研究结论易受风险偏好、信息不对称、预算约束等假说的挑战。我们利用互联网金融线上交易数据，可以降低这些干扰因子的影响。在这5000多名投资者中，男性换手率比女性高167个基点，年化投资收益率低24个基点。这些区别在高换手率、低收益率的子样本中更为显著。我们使用倾向得分匹配方法控制风险偏好、个体特征差异，使用Heckman两阶段模型控制样本自选择问题，并在选取无约束子样本排除预算约束等竞争性假设后，结果依然显著。进一步研究发现，这些性别差异产生的主要原因是男性投资者过度交易，从而付出更多交易费用。当不考虑交易成本时，男性和女性投资者的收益率没有显著差别。

## 一、引 言

"性别效应"（gender effect）与人类社会的各个方面有着密切的联系，在学术界也被广泛讨论。在金融领域，许多学者讨论了不同市场中男性和女性不同的特质使得他们在金融交易过程中有着显著不同的表现。Barber和Odean（2001）通过对美国股市个人投资者的投资数据进行研究发现，男性投资者会比女性投资者更加频繁地交易，然而这却使他们的收益比女性更低。之后也有很多学者讨论了男性投资者比女性投资者更易过度自信的现象，包括Acker和Duck（2008）、Graham等（2009）、Grinblatt和Keloharju

(2009)、Hoffmann 等（2010）。但由于证券市场的复杂性，他们很难将男性投资者比女性投资者更易过度自信的假说与其他竞争性假说通过实证检验进行区分，对于过度自信如何导致男性投资者频繁交易和低收益也很难给出非常明晰的解释。

证券选择是一个复杂的任务（Odean，1999），投资者的选择受到信息不对称等很多因素的影响，间接交易成本的衡量也比较复杂（Glosten，1987）。在以往的文献中，男性投资者比女性投资者更易过度自信假说易受到风险偏好、信息不对称、预算约束等假说的挑战。在证券市场中，男性和女性投资者投资行为的差异可能是由于他们的风险偏好程度不同，这使得他们需要不断地平衡其投资组合（Calvet et al.，2009）。这种差异也可能是由于信息不对称导致的（Coval and Moskowitz，1999），由于男性和女性投资者面对不同的信息集或处理信息的成本不同，导致男性投资者获取更多的信息，从而更加频繁地交易。此外，男性投资者可能因为预算约束比女性投资者更强，他们有时不得不通过卖出债权获得流动性，从而提高了交易成本，降低了收益。下面，我们试图通过互联网金融特殊的市场结构排除这些假说，验证性别效应是否存在，并且对所发现结果的作用机制给出详细的解释。

互联网金融市场是检验投资行为的一个单纯环境。首先，由于互联网金融市场上的投资标的为标准化的贷款产品，通过其利率、期限、评级等信息，更容易控制投资者对于产品偏好的差异。其次，互联网金融市场信息透明度高，所有投资者的信息集是一致的，不存在私有信息。所以，相比证券市场，信息不对称对投资行为的影响很小。此外，互联网金融市场特殊的平台担保机制使得风险收益计算更为简单，投资者进行投资决策时需要考虑的维度更少，更容易作出最优选择。我们选取在二级市场反复交易的样本，来剔除有预算约束的投资者。最后，由于互联网金融市场交易价格的特定计算方式，互联网金融市场中的交易没有类似于股票市场的冲击成本，只有固定比例的直接成本。交易成本在互联网金融市场中的核算更为明确。

本章使用某网站上有个人信息与交易行为的 5000 多名投资者每月的交易行为与投资收益作为样本，发现在控制了产品选择和投资者个人特征等变量后，男性投资者比女性投资者年化收益率低 0.24%，相当于投资者平均收益率的 2% 左右，这一差异在统计学意义和经济学意义上都是显著的。男性和女性投资者的交易行为也有显著差别，在控制了投资者个人特征后，男性投资者比女性投资者的月换手率高 1.67%，相当于投资者平均换手率的 30% 左右。男性投资者比女性投资者收益率低与男性投资者比女性投资者换手率高有内在的关联。收益率对换手率和换手率与性别交叉项的分位数回归表明，男性和女性投资者收益率的差别主要集中在换手率高、收益率低的样本之中。进一步研究发现，只有计算收益率考虑交易成本时，男性投资者的收益率才比女性低。当不考虑交易成本时，男性和女性投资者的收益率没有显著差异。这说明男性投资者由于过度自信导致过度交易，从而产生过多交易费用，这是男性投资者低收益率的主要原因。

我们控制投资标的利率、期限、评级等特征，并使用倾向得分对男性和女性投资者进行匹配，进一步控制投资者其他风险偏好与背景风险属性的差异，我们发现结果保持不变；我们只选择在卖出债权后短时间内又投资的样本来排除可能的预算约束，发现结果也不受影响。这可能是由于样本选择偏误造成的，我们的样本为填写过贷款申请信息的投资者，仅占全体投资者样本的一部分。我们用以下两种方法解决这一问题：一是去除实际进行过借款的投资者以排除借款对投资行为的影响；二是使用 Heckman 两阶段模型来控制样本自选择，我们发现结果是稳健的。

本章的主要贡献在于利用互联网金融市场的特殊市场结构与交易特性，将过度自信假说与风险偏好、信息不对称、预算约束等假说通过实证检验区分开来。同时利用更清晰的交易成本核算，控制投资者自身特征，为男性投资者更易过度自信导致过度交易、低收益提供了更加明确的证据。另外，我们试图从学理上讨论互联网金融投资者的福利是否增加，一是高收益是否能够补偿高风险？二是投资者是否能作出理性最优的投资决策？过去关于互联网金融的研究大多关注互联网金融的违约风险，很少关注投资者行为。因此，本章将过度自信理论应用于互联网金融投资者行为研究，对于拓展过度自信理论的应用范围及投资者教育有重要意义。

## 二、文献回顾、理论分析与研究假设

(一) 与性别效应以及过度自信相关的文献

在行为金融研究中，Odean（1998）发现投资者对股票的估值往往会超出股票的内在价值，进而产生不理性的投资行为。在股票市场中，投资者的这种不理性交易是传统金融理论中的交易之谜，过度自信能解释交易之谜。Odean（1998）对金融领域存在的过度自信行为有较完整的总结。

女性投资者比男性投资者更加厌恶风险，更加以社会为导向，更加无私且竞争性更弱（Eckel and Grossman，2008）。Acker 和 Duck（2008）、Graham 等（2009）、Grinblatt 和 Keloharju（2009）、Hoffmann 等（2010）等研究发现，男性投资者比女性投资者更容易过度自信，他们往往高估自己掌握信息的准确程度。在金融领域，男性和女性投资者在投资行为等方面也存在这种差别。在股票市场中，男性投资者往往选择风险更大的交易策略（Powell and Ansic，1997），也更倾向于把风险高的股票推荐给别人（de Goeij and Smedts，2008）。在进行股票交易时，Gervais 和 Odean（2001）发现，男性投资者认为自己从以往成功和失败中汲取的经验比女性投资者更多。Barber 和 Odean（2001）指出，过度自信导致男性投资者会更加频繁地交易，这反而会降低他们的收益。

### （二）互联网金融相关文献

在互联网金融平台上，投资者可以根据经过平台审核的借款者信息自由选择投资标的，所以投资者的信息不对称程度主要取决于借款者对自己信息披露的数量及质量。一些学者就借款者信息披露对借款成功率、借款成本以及违约率等方面的影响进行了研究。Herzenstein 等（2008）、Iyer 等（2009）通过对美国互联网金融平台 Prosper 交易数据进行研究发现，借款者的信用评分对于借款成功率有着显著的正向影响。Freedman 和 Jin（2008）指出，Prosper 平台的平均借款利率上升是因为在 2007 年平台开始披露借款者收入、工作状态、职业等信息，使得投资者可以有更多的依据去判断风险。Duarte 等（2012）通过对互联网金融平台中的借款者照片进行研究发现，看上去让人信任感越强的借款者越容易借款成功，并且可以得到更低的利率。廖理等（2014）通过对互联网金融平台借款者特征的分析指出，在非利率市场化环境下相同利率的借款，违约率越大所需的投资者数量及时间越多，间接说明投资者有能力识别从利率中没有体现出来的风险。但目前没有文献进一步研究投资者的具体特征对投资行为的影响。

(三) 研究假设

谭松涛和王亚平（2006）通过中国个人股票交易数据发现，中国证券市场中投资者存在显著的过度交易行为，但这种行为是不理性的。

**H1**：在其他因素一致的情况下，男性投资者的换手率比女性投资者高。

对于过度交易的假说，可能的解释有理性和非理性两类（Odean, 1998）。如果男性投资者具有比女性投资者更高的换手率是理性的，那么这种行为应该提高他们的投资表现，否则更高的换手率就是非理性的选择。前文指出，在证券市场中男性投资者由于过度交易带来低收益的现象普遍存在。假如这种非理性的投资行为更容易发生在男性投资者身上，那么可能的原因主要在于风险偏好（Calvet et al., 2009）、信息不对称（Coval and Moskowitz, 1999）、预算约束等方面。现有文献大多把产生这种现象的原因归于男性投资者更加过度自信，但没有把过度自信与其他假说进行明确区分。基于此，我们提出：

**H2**：其他因素导致的情况下，男性投资者由于比女性投资者更易过度自信，使他们有更高的换手率，但他们的收益率却比女性低。

以往文献没有对过度交易通过何种机制导致收益率低形成普遍共识。在互联网金融市场上交易债权，会产生固定比例的直接成本，这与传统资本市场的佣金或交易税类似，与交易金额成正比。在二级市场上，交易价格是由平台给定的固定价格，而非根据买家与卖家报价撮合得到。债权买卖不会影响价格，没有类似于股票市场的冲击成本，因此进行交易成本核算时只需要考虑直接成本即可，较传统市场中计算得到的交易成本更准确。利用互联网金融市场的这一特性，我们可以验证交易成本的差异是否能解释男性和女性投资者投资收益率的差异。

**H3**：男性投资者相比女性投资者更高的换手率导致产生更高的交易成本，进而导致男性投资者比女性投资者有更低的收益率。

## 三、研究设计

### （一）样本选取

本章样本来自某网站 2010 年 5 月至 2015 年 6 月公开的贷款信息。该网站对每笔贷款均披露贷款人基本信息、贷款还款记录、投资者投标记录和债权转让的交易记录。截至 2015 年 6 月 30 日，网站上共有约 65 万笔贷款申请，17 万笔成功贷款，涉及约 47 万贷款人和 11 万投资人。

如果贷款人申请贷款，无论贷款申请成功与否，贷款人的基本信息都会在网站上公示，而投资人如果进行投标，则只能看到投标的时间和金额，没有关于投资人更详细的信息。为了更好地研究投资者特征对投资行为与收益的影响，我们将投资人和贷款人通过唯一的用户名进行匹配，在去除个人信息不全的样本后，共有 5081 个投资人曾经申请过借款，可以得到他们的基本信息。我们最终选取这些投资人作为实证分析样本，约占平台上所有投资人的 5%。对于每个投资人的投资行为，我们剔除投资人参与自动投标或理财计划而投资的标的。若投资人当月持有债券天数大于等于 15 天，则该投资人当月的数据进入样本。由于 2012 年以前该网站对贷款利率不设下限，且成交不活跃，为保持一致性，我们只考虑 2012 年及以后的样本。最终我们得到投资者月观测数约 6.5 万。

样本中投资人的基本信息如表 7-1 所示，可以看到，投资人主要集中在男性、35 岁及以下、受过高等教育的人群中，而婚姻状况、收入水平的分布较为平均。最后两列比较了男性和女性投资者两个子样本的人口特征差异，这有助于考察是否存在样本选择的偏误。总体来说，男性和女性投资者两个子样本间的差异不大，进一步计算投资者个人特征间的相关系数发现，性别与其他个人特征的相关系数均低于 10%，说明性别差异只是反映了其他特征影响的可能性不大。

表 7-1　投资者人口特征的描述性统计及分性别子样本对比

|  | 全样本 | 子样本：男性 | 子样本：女性 |
|---|---|---|---|
| 性别：男 | 80.06% | | |
| 女 | 14.39% | | |
| 未知 | 5.55% | | |
| 年龄[①]：0—25 岁 | 9.49% | 11.49% | 9.37% |
| 26—30 岁 | 35.35% | 36.11% | 35.55% |
| 31—35 岁 | 30.43% | 28.59% | 30.60% |
| 36—40 岁 | 14.39% | 12.86% | 14.65% |
| 大于 40 岁 | 10.35% | 10.94% | 9.83% |
| 婚姻：已婚 | 50.10% | 51.60% | 40.90% |
| 未婚 | 45.40% | 44.30% | 52.10% |
| 其他 | 4.55% | 4.08% | 6.98% |
| 教育：高中及以下 | 16.60% | 17.70% | 11.10% |
| 专科及以上 | 72.30% | 72.30% | 72.50% |
| 其他 | 11.10% | 9.96% | 16.40% |
| 收入：低于 5000 元/月 | 30.90% | 29.50% | 37.90% |
| 5000—10000 元/月 | 26.80% | 27.80% | 22.00% |
| 高于 10000 元/月 | 23.00% | 24.80% | 14.10% |
| 未知 | 19.30% | 17.90% | 26.00% |
| 有房产 | 43.10% | 44.30% | 34.70% |
| 有房贷 | 20.72% | 21.26% | 16.28% |
| 有车产 | 28.52% | 29.74% | 21.07% |
| 有车贷 | 4.68% | 4.87% | 3.56% |
| 投资者数（人） | 5081 | 4068 | 731 |

### （二）变量构造

我们使用从该网站上获取的公开信息，构造了反映投资者产品选择、投资行为和投资绩效的度量指标。

我们构造了投资者的月度投资收益率。可根据以下公式计算出月收益率：

$$Value_{t-1}(1+r_t) + \sum_i Inv_i(1+r_t)^{t-t_i} = Rev_k \sum_k (1+r_t)^{t-t_k} + Value_t$$

---

① 网站显示的是贷款申请人申请时的年龄，我们根据投资时间作相应调整，这里报告的是样本期间每个投资人的平均年龄。

其中，$Value_{t-1}$ 是月初持有的贷款价值。一个月中实际发生的现金流可以分为投资 $Inv_i$ 和收入 $Rev_k$。投资包括投标新的贷款，在债权转让市场上买入债权；收入包括在债权转让市场上卖出债权，收到偿还的本息（包括可能的罚息）等，计算中已考虑交易费用。$Value_t$ 是月末持有贷款的价值。

在计算 $Value_t$ 时，我们使用在债权转让市场上立即出售的价格来度量，该价格可根据网站上公布的公式计算得到。由于债权转让市场交易活跃，用网站给出的价格可以快速成交，因此我们认为这个价格可以代表债券的价值。

为了研究交易行为与投资绩效间的关系，我们构造了月换手率、历史交易次数、持有贷款价值作为衡量投资者交易行为的变量。换手率为投资者当月在债权转让市场的交易金额占该投资者上月末持有贷款价值的比例。历史交易次数指投资者从在平台上进行第一笔交易开始到当月末共交易的次数（包括一级市场和二级市场）。谭松涛和陈玉宇（2012）发现，随着投资经验的增加，个人投资者的选股能力显著提升，投资收益也提高。投资者持有贷款价值计算方法类似于计算投资者收益率时使用的期末贷款价值，使用当月末持有的贷款在二级市场立即转让的价格代表投资者持有贷款价值。

我们构造了持有贷款的平均利率、期限和信用评级三个指标作为衡量产品选择的变量。利率和期限都是借款人在申请借款时自行设定并通过平台审批的。信用评级是由平台赋予借款人的，分为"AA""A""B""C""D""E""HR"七个等级，我们分别为其赋值1—7，数字越小，评级越高。我们将每个投资者月末持有贷款的这三项指标按贷款的价值加权，得到每个投资者每月持有贷款的利率、期限和信用评级。

### （三）描述性统计

表7-2展示了交易层面变量的描述性统计，并分为男性和女性投资者两个子样本进行对比。可以看到，投资收益率平均为12.51%，小于持有贷款利率12.71%。违约、提前还款、二级市场折价转让和手续费支出等，都有可能使实际收益与贷款利率产生差异。样本中投资者平均持有的贷款期限为20.54个月，平均的评级为2.75，介于A级与B级之间。此外，投资人平均持有的贷款价值约为2.5万元。

表 7-2　交易层面变量描述性统计及分性别子样本对比

| 变量 | (1)<br>均值 | (2)<br>标准差 | (3)<br>男性均值 | (4)<br>女性均值 | (5)<br>差异 | (6)<br>t 统计量 |
|---|---|---|---|---|---|---|
| 投资收益率（％） | 12.51 | 10.14 | 12.47 | 12.64 | −0.17** | −1.68 |
| 持有贷款利率（％） | 12.71 | 1.301 | 12.70 | 12.69 | 0.01 | 0.82 |
| 持有贷款期限（月） | 20.54 | 8.540 | 20.59 | 20.59 | 0.00 | 0.87 |
| 持有贷款信用评级 | 2.75 | 1.292 | 2.73 | 2.81 | −0.08*** | −5.48 |
| 持有贷款价值（元） | 24728 | 79847 | 24593 | 25086 | −493 | −0.17 |
| 历史交易次数（次） | 82.79 | 188.2 | 82.67 | 81.04 | 1.63 | 1.01 |
| 换手率（％） | 5.29 | 19.10 | 5.43 | 4.37 | 1.06*** | 5.03 |
| 观测数(投资者月观测数) | 61244 | | 51771 | 9473 | | |

注：*、**、***分别表示在10％、5％、1％水平上显著（本章下列各表相同）。

表 7-2 后四列报告了男性与女性投资者子样本的对比。男性与女性投资者只在投资收益率、持有贷款信用评级和换手率上有显著差异。男性投资者投资收益率平均比女性投资者显著低 0.17％，而男性投资者持有贷款利率反而高于女性，但不显著。同样，男性与女性投资者在持有贷款期限、投资金额（持有贷款价值）、投资经验（历史交易次数）上都没有显著差异。因此，男性投资者拥有更低的收益率可能是由于信用评级和换手率的差异引起的。男性投资者相比女性投资者，更倾向于选择信用评级高的产品。如果在其他情况不变时，信用评级与投资收益率负相关，则男性投资者比女性投资者投资收益率低可能是由于对贷款产品评级的偏好选择不同导致的。另外，我们发现男性投资者的换手率显著高于女性投资者，过去的许多研究表明，换手率作为过度自信的衡量标准之一，与收益率负相关（Barber and Odean，2001），这说明男性投资者的收益率低于女性投资者可能是由于高换手率导致的。

## 四、实证结果与分析

本节通过回归分析更细致地验证研究假设。我们分别用投资者收益率和换手率对性别进行回归，来研究男性与女性投资者投资收益和投资行为的差异：

$$Return_{i,t} = \beta_0 + \beta_1 Male_i + \gamma Control_{i,t} + d_t + v_i + \varepsilon_{i,t} \quad (7-1)$$

$$Turnover_{i,t} = \beta_0 + \beta_1 Male_i + \gamma Control_{i,t} + d_t + v_i + \varepsilon_{i,t} \quad (7-2)$$

我们采用面板随机效应对回归系数进行估计。由于投资者的人口特征变量不随时间变化，使用固定效应会吸收这些变量的影响，而我们主要考察的解释变量为性别，因此不使用固定效应模型进行估计。回归控制了投资者其他人口特征、投资经验、产品选择等控制变量以及月度固定效应。在标准差的估计中，为了控制可能的个体间异方差及个体组内相关性，我们报告了聚类在投资者层面的稳健标准差。

为了验证H2，我们在回归式（7-1）中加入性别与换手率的交叉项：

$$Return_{i,t} = \beta_0 + \beta_1 Male_i + \beta_2 Male_i * Turnover_{i,t}$$
$$+ \gamma Control_{i,t} + d_t + v_i + \varepsilon_{i,t} \quad (7-3)$$

若男性投资者比女性投资者投资收益率低是由于换手率高导致的，则应为负，即换手率越高，男性投资者比女性投资者投资收益率低的程度越大。

### （一）投资者性别与投资收益率

首先我们对回归式（7-1）进行分析，验证男性与女性投资者在投资收益率上是否有差异。表7-3报告了回归结果。模型（1）仅控制月份固定效应，发现男性投资者的投资收益率比女性投资者显著低0.25%。模型（2）在控制了其他人口特征变量后，男性与女性投资者投资收益率的差异依旧显著，且数值更大，在其他因素不变的情况下，男性投资者的投资收益率平均比女性低0.37%。

表7-3 投资收益率与性别差异

| 解释变量 | (1) 投资收益率 | (2) 投资收益率 | (3) 投资收益率 | (4) 投资收益率 | (5) 投资收益率 | (6) 投资收益率 |
| --- | --- | --- | --- | --- | --- | --- |
| 男性 | −0.252* | −0.368** | −0.254** | −0.218* | −0.305** | −0.237** |
|  | (0.144) | (0.146) | (0.120) | (0.132) | (0.131) | (0.121) |
| 利率 |  |  | 1.732*** |  |  | 2.093*** |
|  |  |  | (0.105) |  |  | (0.132) |

(续表)

| 解释变量 | (1) 投资收益率 | (2) 投资收益率 | (3) 投资收益率 | (4) 投资收益率 | (5) 投资收益率 | (6) 投资收益率 |
| --- | --- | --- | --- | --- | --- | --- |
| 信用评级 | | | | 0.799*** | | −0.102 |
| | | | | (0.0772) | | (0.0722) |
| 期限 | | | | | 0.0513*** | −0.116*** |
| | | | | | (0.00802) | (0.011$) |
| 人口特征 | 未控制 | 已控制 | 已控制 | 已控制 | 已控制 | 已控制 |
| 职业固定效应 | 否 | 是 | 是 | 是 | 是 | 是 |
| 月度固定效应 | 是 | 是 | 是 | 是 | 是 | 是 |
| 观测数（个） | 64995 | 64995 | 64904 | 64904 | 64904 | 64904 |
| $R^2$ | 0.0136 | 0.0190 | 0.0562 | 0.0286 | 0.0235 | 0.0593 |

注：括号中报告聚类在投资者层面的稳健标准差（本章下列各表相同）。

投资者的投资收益率与投资者对标的的选择有直接关系。在描述性统计中我们也发现，男性与女性投资者在对投资标的的选择上存在差异，尤其是在产品评级的选择上，男性持有贷款的平均评级显著优于女性，那么有可能男性与女性投资者投资收益率的差异是因为对产品选择的差异导致的。为了排除这种可能，我们分别在之前的基础上加入投资者持有贷款的利率、期限与信用评级作为产品选择的控制变量。我们发现在加入产品特性后，男性变量的系数依然显著为负，但绝对值比没有加入产品特性时稍小。表7-3中模型(6)同时控制了产品的三个维度特征，结果显示，男性投资者投资收益率依旧显著低于女性投资者。在三个产品选择变量的回归系数中，利率与投资收益率有显著的正向关系，期限与投资收益率有显著的负向关系，这与我们的预期是一致的。而信用评级这一维度对收益率没有显著影响。由前文可知，男性投资者选择投资贷款的评级显著高于女性投资者，结合表7-3的结果，我们发现男性投资者投资收益率比女性投资者低无法由男性与女性投资者选择贷款评级的差异解释。

## （二）投资者性别与换手率

由前文可知，男性投资者投资收益率显著低于女性投资者，但从他们选择投资标的的利率、期限和评级来看，没有证据说明是由于男性投资者选择了较差的投资标的。本节验证 H2，即不同性别的投资者换手率的差异。

表 7-4 报告了换手率对性别及其他控制变量的回归结果。列（1）仅控制了月度固定效应，结果显示男性投资者比女性投资者换手率显著高 1.6%，这一差异在控制了其他人口特征后依旧显著，且数值基本不变。

表 7-4　换手率与性别差异

| 解释变量 | （1）换手率 | （2）换手率 | （3）换手率 | （4）换手率 | （5）换手率 | （6）换手率 |
|---|---|---|---|---|---|---|
| 男性 | 1.603*** | 1.565*** | 1.539*** | 1.543*** | 1.546*** | 1.589*** |
|  | (0.423) | (0.429) | (0.410) | (0.413) | (0.413) | (0.412) |
| 利率 |  |  | −0.694 |  |  | −0.763*** |
|  |  |  | (0.0769) |  |  | (0.0956) |
| 信用评级 |  |  |  | 0.229** |  | 0.466*** |
|  |  |  |  | (0.0919) |  | (0.115) |
| 期 |  |  |  |  | −0.118*** | −0.0442** |
|  |  |  |  |  | (0.0193) | (0.0221) |
| 人口特征 | 未控制 | 已控制 | 已控制 | 已控制 | 已控制 | 已控制 |
| 职业固定效应 | 否 | 是 | 是 | 是 | 是 | 是 |
| 月度固定效应 | 是 | 是 | 是 | 是 | 是 | 是 |
| 观测数（个） | 63258 | 63258 | 63236 | 63236 | 63236 | 63236 |
| $R^2$ | 0.0390 | 0.0516 | 0.0534 | 0.0521 | 0.0520 | 0.0541 |

与表 7-3 类似，表 7-4 后四列进一步控制了投资者的产品选择，在加入贷款的利率、期限与信用评级后，男性变量系数依然显著为正，且数值大小基本不变，说明产品选择不能解释男性的高换手率。

## （三）投资者性别、收益和换手率

表 7-3 和表 7-4 的结果表明，男性投资者的投资收益率显著比女性投资者低，同时换手率显著比女性投资者高。为了进一步研究男性投资者的低收益

率是否是由于高换手率导致的，本节将换手率和换手率与性别的交叉项加入投资收益率对性别因素的回归中，结果如表 7-5 所示。

表 7-5 投资收益率与性别、换手率

| 解释变量 | 面板 A：OLS 回归 | | | |
|---|---|---|---|---|
| | （1）投资收益率 | （2）投资收益率 | （3）投资收益率 | （4）投资收益率 |
| 男性 | －0.230* | －0.128 | －0.00855 | |
| | (0.134) | (0.122) | (0.124) | |
| 换手率 | －4.029*** | －3.818*** | －1.831* | －0.855 |
| | (0.467) | (0.463) | (1.017) | (1.10) |
| 男性*换手率 | | | －2.428** | －2.266* |
| | | | (1.140) | (1.241) |
| 产品选择 | 未控制 | 已控制 | 已控制 | 已控制 |
| 人口特征 | 已控制 | 已控制 | 已控制 | 已控制 |
| 投资人固定效应 | 否 | 否 | 否 | 是 |
| 月度固定效应 | 是 | 是 | 是 | 是 |
| 观测数（个） | 63258 | 63236 | 63236 | 63236 |
| $R^2$ | 0.0283 | 0.0677 | 0.0681 | 0.059 |

| 解释变量 | 面板 B：分位数回归 | | | | |
|---|---|---|---|---|---|
| | （1） | （2） | （3） | （4） | （5） |
| | 10%分位数 | 25%分位数 | 50%分位数 | 75%分位数 | 90%分位数 |
| 男性 | －0.0136 | －0.00981** | －0.0202*** | －0.0371*** | －0.0335* |
| | (0.0107) | (0.00435) | (0.00474) | (0.00854) | (0.0200) |
| 换手率 | －18.38*** | －8.630*** | －4.930*** | －1.775*** | 3.5*** |
| | (2.002) | (0.411) | (0.250) | (0.308) | (8.935) |
| 男性*换手率 | －7.070*** | －1.296*** | －0.250 | －0.284 | －0.013 |
| | (2.584) | (0.480) | (0.256) | (0.323) | (8.95) |
| 产品选择 | 已控制 | 已控制 | 已控制 | 已控制 | 已控制 |
| 人口 | 已控制 | 已控制 | 已控制 | 已控制 | 已控制 |
| 月度固定效应 | 是 | 是 | 是 | 是 | 是 |
| 观测数（个） | 63236 | 63236 | 63236 | 63236 | 63236 |

表 7-5 面板 A 中报告了 OLS 回归的结果，模型（1）和（2）在控制性别和其他人口特征的基础上，分别加入换手率和产品选择变量，研究其对投资收益率的影响。我们发现换手率增加显著降低了投资收益率，换手率

增加一个标准差,将使投资收益率下降 0.77%,这在控制了产品选择后依旧显著。

模型(3)中进一步加入性别与换手率的交叉项,其系数显著为负,如换手率为 10% 时,男性投资者比女性投资者的收益率低 0.25%,而在换手率为 50% 时,男性投资者比女性投资者的收益率低 1.22%。这意味着换手率越高,男性投资者相对于女性投资者的投资收益率越低,说明男性投资者的低收益率的确与其高换手率有关。模型(4)进一步控制了投资者固定效应后结果依然显著。

为了进一步验证 H2,我们使用分位数回归重复模型(3)的回归,结果在表 7-5 面板 B 中报告。我们分别报告了 10%、25%、50%、75% 和 90% 分位数(收益率由低到高)的回归结果,发现只有在 10% 和 25% 分位数的回归中,性别与换手率交叉项的系数是显著为负的,而在更高的分位数中是不显著的。这表明,在投资收益率较低的群体中,男性投资者因为换手率高导致其与女性投资者的投资收益率差异更为显著。这也验证了我们关于男性投资者高换手率带来更低的投资收益率的假设。

二级市场定价规则简单,对于交易成本的核算较为方便,这使得我们有机会考察交易成本对投资收益的影响。而在债权转让市场上卖出债权时,原债权人须向平台支付 0.5% 的手续费,这是直接的交易成本。由于债权转让市场采用网站官方定价的机制,因此卖出债权时不会产生冲击成本,可以认为间接成本等于零。接下来,我们考察 0.5% 的交易成本对男女投资收益率差异的影响,以验证 H3。用不考虑交易成本的投资收益率重复表 7-5 的回归,结果如表 7-6 所示。模型(1)仅控制投资者人口特征时,男性与女性投资者不考虑交易成本的投资收益率差别不显著。模型中加入换手率,结果与之前真实收益率的回归结果相反,不考虑交易成本的收益率随换手率增加而上升,这说明高换手率导致收益率下降主要是由于高交易成本导致的。而模型中产品选择变量与表 7-5 中类似,说明产品选择与交易成本关系不大。模型(5)中加入了换手率与性别的交叉项,回归结果表明其系数为负,但是不显著,说明在不考虑交易成本的情况下,男性与女性投资者换手率的差异并不导致二者投资收益率的差异。

表 7-6 投资收益率（不考虑交易成本）与性别、换手率

| 解释变量 | （1）投资收益率（不考虑交易成本） | （2）投资收益率（不考虑交易成本） | （3）投资收益率（不考虑交易成本） | （4）投资收益率（不考虑交易成本） | （5）投资收益率（不考虑交易成本） |
|---|---|---|---|---|---|
| 男性 | −0.031 | −0.085 | 0.052 | −0.014 | −0.0007 |
|  | (0.128) | (0.131) | (0.116) | (0.118) | (0.119) |
| 换手率 |  | 7.423*** |  | 7.533*** | 7.761*** |
|  |  | (0.456) |  | (0.455) | (1.010) |
| 男性*换手率 |  |  |  |  | −0.280 |
|  |  |  |  |  | (1.131) |
| 产品选择 | 已控制 | 已控制 | 已控制 | 已控制 | 已控制 |
| 人口特征 | 已控制 | 已控制 | 已控制 | 已控制 | 已控制 |
| 月度固定效应 | 是 | 是 | 是 | 是 | 是 |
| 观测数（个） | 64991 | 63258 | 64904 | 63236 | 63236 |
| $R^2$ | 0.0218 | 0.0405 | 0.0566 | 0.0781 | 0.0781 |

综上，我们验证了男性投资者比女性投资者更高的换手率带来男性投资者比女性投资者更低的投资收益率，这一差异主要由高换手率造成的高交易成本解释。

## 五、稳健性检验

### （一）竞争性假设

在前文的讨论中，我们发现男性投资者相比女性投资者交易次数更多，由此带来更多的交易成本，导致投资收益率变低。但过度交易可能并非由于男性投资者过度自信，有可能是由于男性投资者具有不同的风险偏好，使得他们需要不断平衡其投资组合，也可能是由于男性投资者的预算约束比女性投资者更紧，因此不得不卖出债权，从而产生更多交易成本。本节讨论这两种竞争性假设。

1. 风险偏好

风险偏好会影响投资者的产品选择（Hong et al., 2004；Weber et al.,

2013；Barberis et al.，2006）。在互联网金融市场中，贷款人信用评级和利率、期限可以很直接地反映产品风险。例如，Herzenstein 等（2008）通过 Prosper 的交易数据发现信用评级可以反映贷款的违约率。Iyer 等（2009）指出，投资者可以通过互联网金融平台中贷款人的信息识别其风险程度，对于相同信用评级的贷款人，他们的贷款成交利率越高，贷款违约率也越高。所以，风险偏好高的投资者可能倾向选择利率高、信用评级低的产品。

在未报告的结果中，我们在表 7-3 和表 7-4 中加入利率、信用评级、期限等产品特征及其与性别的交叉项，控制风险偏好对男性与女性投资者投资收益率和换手率差异的影响后，性别差异依然显著。这说明风险偏好无法完全解释性别差异，甚至在控制了风险偏好之后，男性与女性投资者之间换手率差异反而增大。

2. 预算约束

由于只有在二级市场上卖出才会产生交易费用，因此卖出行为对投资回报的影响较大。男性投资者在二级市场交易次数更多的一种原因可能是，他们的预算约束更紧，因此不得不经常在市场上卖出套现。为了验证这种假说，我们具体检查了投资者在二级市场上的买卖次序，若投资者卖出债权后在短时间内又进行了投资，则说明由于预算约束而卖出的可能性较小。我们按不同的时间长度定义了有预算约束的投资者，并重复了表 7-5 的回归。去除二级市场卖出后超过四周、三周、两周才买入的预算约束投资者，我们发现高换手率降低投资收益率的效应依旧显著，且在男性投资者样本中更强，说明预算约束也无法解释男性投资者高换手率的动机。

（二）稳健性检验

我们从以下几个方面对本章主要结果进行稳健性检验：

首先，分位数回归仅考虑了换手率差异对投资收益率不同分位数的影响，没有考虑换手率不同的投资者，其性别及换手率对收益率的影响可能是非线性的。为此，我们根据投资收益率高低和换手率高低把投资者分为四组，分别重复表 7-5 的回归。结果显示，只有在收益率低、换手率高的一组，男性投资者的投资收益率显著低于女性投资者，而在收益率高、换手率低的组内，男性投资者的收益率反而高于女性投资者。这说明男性投资者的低收益率主要是由收益率低、换手率高的子样本驱动的。男性投资者投资收益率差更可能是由于其过度自信导致的。

其次,由于互联网金融披露信息的限制,我们的分析样本局限在填写过贷款申请资料的投资者,而非全体投资者,这可能导致样本选择的偏误。我们去除成功申请贷款的客户,只选取填写资料但没有申请到贷款的客户,这部分子样本占样本总数的80%。结果显示,是否成功申请贷款对结果没有影响。然后,我们使用Heckman两阶段模型,第一步用全体投资者的投资行为解释其是否会填写信息,第二步在原回归中加入逆米尔斯比率(Inverse Mills Ratio)来控制样本选择问题。在控制了Inverse Mills Ratio后,主要结果保持不变。

另一个可能影响结论的问题是,虽然我们控制了投资者的个人特征,我们依然可能遗漏与投资行为和性别同时有关的变量,使得我们的结果有内生性问题。为了进一步控制投资者的个体差异,我们在每一期对男性和女性投资者进行倾向得分匹配。结果显示,男性投资者的投资收益率显著比女性投资者低0.92%(对比表7-3全模型的-0.24),且换手率比女性高1.70%(对比表7-4全模型的1.59),换手率越高,则收益率越低,影响系数为-3.64(对应表7-5面板A全模型的-2.27)。

## 六、结　　论

在互联网金融市场中,性别效应显著存在。我们发现,男性投资者比女性投资者更易过度自信,他们比女性投资者有着更高的换手率。然而,男性投资者的投资收益率却比女性投资者低。在控制了产品选择和其他人口特征变量后,男性和女性投资者投资收益率的差异依旧显著,男性投资者的投资收益率平均比女性投资者低24个基点。这和人们一般认为男性投资者更加善于投资的想法相反。本章的实证结果显示,男性投资者比女性投资者更易过度自信,这导致过度交易产生了更多的交易成本,降低了他们的投资收益率。

在股票市场的研究中,过度自信与风险偏好、背景风险、预算约束等其他可能的解释不容易区分。首先,我们在相关回归中控制了投资者个人特征、产品选择及投资行为变量,并在稳健性检验中进一步使用倾向得分对男性和女性投资者进行匹配,来控制投资人的风险偏好与背景风险差异。其次,我们只选择在卖出债权后短时间内又投资的子样本，排除可能存在的预算约束。最后，我们使用 Heckman 两阶段模型来控制样本自选择。我们发现结果是稳健的。

结果显示，在收益率较低的男性投资者中，过度自信的表现更加明显，他们有更高的换手率，与女性投资者投资收益率相差更大。但是，在收益率较高的男性投资者中不存在明显的过度自信现象，收益率没有显著低于女性投资者。这一结果对于补充过度自信理论并将其应用于互联网金融市场监管过程中，以及投资者教育都有重要的参考意义。

## 参考文献

[1] 廖理，李梦然，王正位. 聪明的投资者：非完全市场化利率与风险识别——来自 P2P 网络借贷的证据 [J]. 经济研究，2014，49（7）.

[2] 谭松涛，陈玉宇. 投资经验能够改善股民的收益状况吗——基于股民交易记录数据的研究 [J]. 金融研究，2012（5）.

[3] 谭松涛，王亚平. 股民过度交易了么？——基于中国某证券营业厅数据的研究 [J]. 经济研究，2006，41（10）.

[4] Acker D, Duck N W. Cross-cultural Overconfidence and Biased Self-attribution [J]. *The Journal of Socio-Economics*，2008，37（5）.

[5] Barber B M, Odean T. Boys Will Be Boys: Gender, Overconfidence, and Common Stock Investment [J]. *The Quarterly Journal of Economics*，2001，116（1）.

[6] Barberis N, Huang M, Thaler R H. Individual Preferences, Monetary Gambles, and Stock Market Participation: A Case for Narrow Framing [J]. *American Economic Review*，2006，96（4）.

[7] Calvet L E, Campbell J Y, Sodini P. Fight or Flight? Portfolio Rebalancing by Individual Investors [J]. *The Quarterly Journal of Economics*，2009，124（1）.

[8] Coval J D, Moskowitz T J. Home Bias at Home: Local Equity Preference in Domestic Portfolios [J]. *The Journal of Finance*，1999，54（6）.

[9] De Goeij P, Smedts K. Gender Differences Among Analyst Recom-

mendations [D]. Tilburg University, 2008.

[10] Duarte J, Siegel S, Young L. Trust and Credit: The Role of Appearance in Peer-to-peer Lending [J]. *The Review of Financial Studies*, 2012, 25 (8).

[11] Eckel C C, Grossman P J. Men, Women and Risk Aversion: Experimental Evidence [J]. *Handbook of Experimental Economics Results*, 2008, 1.

[12] Freedman S, Jin G Z. Do Social Networks Solve Information Problems for Peer-to-peer Lending? Evidence from Prosper [D]. Working Paper, 2008.

[13] Gervais S, Odean T. Learning to Be Overconfident [J]. *The Review of Financial Studies*, 2001, 14 (1).

[14] Glaser M, Weber M. Which Past Returns Affect Trading Volume? [J]. *Journal of Financial Markets*, 2009, 12 (1).

[15] Glosten L R. Components of the Bid-ask Spread and the Statistical Properties of Transaction Prices [J]. *The Journal of Finance*, 1987, 42 (5).

[16] Graham J R, Harvey C R, Huang H. Investor Competence, Trading Frequency, and Home Bias [J]. *Management Science*, 2009, 55 (7).

[17] Grinblatt M, Keloharju M. Sensation Seeking, Overconfidence, and Trading Activity [J]. *The Journal of Finance*, 2009, 64 (2).

[18] Herzenstein M, Andrews R L, Dholakia U M, et al. The Democratization of Personal Consumer Loans? Determinants of Success in Online Peer-to-peer Lending Communities [J]. *Boston University School of Management Research Paper*, 2008, 14 (6).

[19] Hoffmann A O I, Shefrin H, Pennings J M E. Behavioral Portfolio Analysis of Individual Investors [J]. Available at SSRN 1629786, 2010.

[20] Hong H, Kubik J D, Stein J C. Social Interaction and Stock-market Participation [J]. *The Journal of Finance*, 2004, 59 (1).

[21] Iyer R, Khwaja A I, Luttmer E F P, et al. Screening in New Credit

Markets: Can Individual Lenders Infer Borrower Creditworthiness in Peer-to-peer Lending? [D]. AFA 2011 Denver Meetings Paper, 2009.

[22] Odean T. Volume, Volatility, Price, and Profit When All Traders are Above Average [J]. *The Journal of Finance*, 1998, 53 (6).

[23] Odean T. Do Investors Trade Too Much? [J]. *American Economic Review*, 1999, 89 (5).

[24] Powell M, Ansic D. Gender Differences in Risk Behaviour in Financial Decision-making: An Experimental Analysis [J]. *Journal of Economic Psychology*, 1997, 18 (6).

[25] Weber M, Weber E U, Nosić A. Who Takes Risks When and Why: Determinants of Changes in Investor Risk Taking [J]. *Review of Finance*, 2013, 17 (3).